中西のりこ 著
コスモピア編集部 編

なまの英語が
聞き取れる!

映画スター★インタビュー

コスモピア

はじめに

コスモピア『多聴多読マガジン』から厳選されたインタビューが聞ける！

本書は、『多聴多読マガジン』（隔月刊）の連載記事「スターインタビュー」の中から、2014～2016年にかけて掲載されたインタビューを厳選し1冊に収録したものです。ハリウッドスター15人のなまの英語を使ってリスニング力をつけることを目的としています。なまの英語は教科書英語とは違い、話者の話し方のくせが、アクセント、スピード、言い回しなどに表れていてとても魅力的です。本書では、なまのインタビュー素材を使い各話者の特徴をしっかりとおさえながら学習を進めていくことができます。

聞き取るための3つのアプローチと詳細な難易度表示！

本書では、英語をただ漫然と聞き流すのではなく、聞き取るための学習法として ①難易度順に ②好きな俳優から ③好きな話し方から の３つのアプローチを提案しています（本書 p.10 ～ 17 参照）。

本書のUnit 数は 11 あり、難易度順にUnit が並べられています。さらに、各 Section のインタビュー素材に、読みやすさレベル（YL）、リスニングレベル（LL）、スピードの目安となる１分あたりに話される単語の量（wpm）を表示しています。YL とLL については本書 p.8 ～ 9 参照し、なまの英語素材を十分にいかし効果的に学習を進めてください。

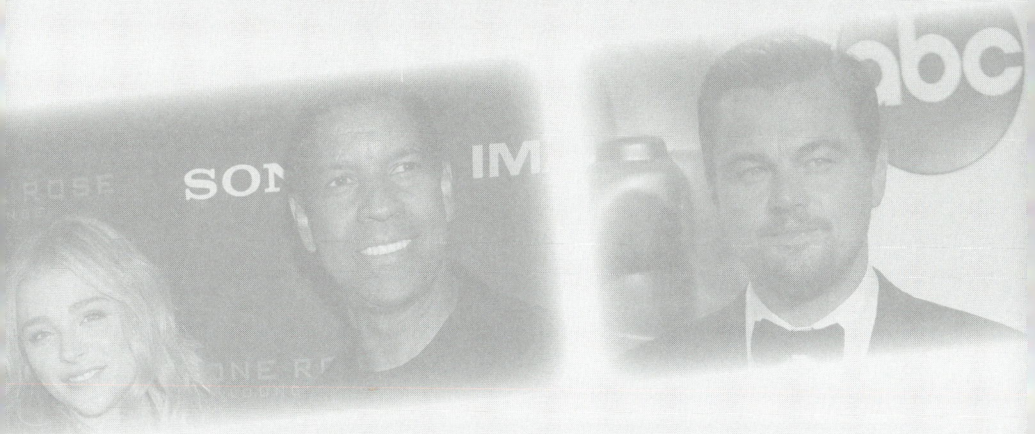

contents

Unit 3 Benedict Cumberbatch ベネディクト・カンバーバッチ

『イミテーション・ゲーム』

Unit 4 Reese Witherspoon リース・ウィザースプーン

『わたしに会うまでの1600キロ』

Unit 5 Nicole Kidman ニコール・キッドマン

『グレース・オブ・モナコ　公妃の切り札』

Unit 9 Chloë Moretz & Denzel Washington
クロエ・モレッツ、デンゼル・ワシントン

『イコライザー』

Unit 10 Christian Bale & Ryan Gosling
クリスチャン・ベール、ライアン・ゴズリング

『マネー・ショート　華麗なる大逆転』

Unit 11 Tom Hanks & Steven Spielberg
トム・ハンクス、スティーブン・スピルバーグ

『ブリッジ・オブ・スパイ』

読みやすさレベル（YL）とリスニングレベル（LL）について

コスモピア編集部

本書で紹介するスターのインタビューには読みやすさレベル（YL）とリスニングレベル（LL）という数値がついています。この数値はテキストとしての難易度、音声としての難易度を表すものです。

■ 読みやすさレベル（YL）

YL は「読みやすさレベル」（Yomiyasusa Level）の略称で、もともとは英語のレベルがやさしい本から難しい本に徐々にレベルをあげながら継続的に本を読むことで英語の力をつけるという学習法「多読」の中で生まれました。NPO 法人 SSS 英語多読研究会（http://www.seg.co.jp/sss/）で考案されたYL は、日本人の英語学習者にとっての読みやすさの基準を 0.0 ～ 9.9 までの数値で表し、数値が小さいほど読みやすいことを表します。

もともとは読むために書かれた素材を判定する数値でしたが、小社コスモピアが刊行する『多聴多読マガジン』をはじめとする英語学習書籍ではニュースやスピーチ、そして本書のインタビューのような音声素材の内容面の難易度を表す数値としても活躍しています。音声素材、つまり口語であるものをテキスト化して読むということは下記の点において注意が必要です。

・言いよどみ、言い直しが含まれる。
・文法的に不完全な文が混じることがある。
・英語として難しい内容ではないけれど、学校英語体験しかなく生の英語に慣れていない人にはわかりにくいことが多い（スラングや地域特定の言い回しなどが多用されるため）。
・語彙レベルも高くなく、内容も難しくはないが語りが冗長な場合などは理解しにくい。
・話されている内容についての背景知識がないと内容が推測できない。

特に本書でとりあげるスターインタビューはネイティブ向けにネイティブ話者が話している素材ですので、上記の特徴が顕著に見られますが、読んで理解できないからといってがっかりする必要はありません。本書の目的はインタビューを読むことではなく聞いて理解する力をつけることですので、YL はあくまでインタビューの内容を難易度で表したものとして活用してください。また、上記の特徴を踏まえて、実際の読み物としての難易度よりも＋ 0.5 ～ 1.0 で判定してあります。

■ リスニングレベル（LL）

LL は「リスニングレベル」（Listening Level）の略称で、音声知覚に関わる聞きやすさの目安を表したものです。これは門田修平先生 [関西学院大学教授] の監修のもと、小社で作成しました。LL にはテキストの難易度は含まれません。

LL は以下の 3 つのポイントを数値化して判定します。

① 連結・脱落・同化などの音のくずれ

② スピード（wpm= words per minute）

＊ wpm は 1 分間に何語のスピードで話しているかを表したもの。例えば TOEIC のリスニング問題はだいたい 150wpm 前後です。

③ ポーズの長さと多さ

①～③のどのポイントも話者によってずいぶん異なりますので、インタビューを聞きながら各話者の特徴を推測してみてください。一般的に話すスピードが速くなると自然に連結・脱落・同化などの音崩れも増えてきます。

YL、LL ともにテキストと音声の難易度をうまく表していますが、日本人学習者向けにポイントを厳選して判定していますので、絶対的なものではありません。ただ、英語学習者にとって自分のレベルにあった素材、自分が目指すレベルの素材を難易度別の数値で選べるというのは有効な手段ですので、ぜひ YL、LL を活用してみてください。

本書のおすすめ学習法

1 難易度順にインタビューを聞いてみよう！

以下の表は、本書収録の 33 インタビューを「リスニングレベル」（LL）順にしたものです。やさしいものから聞いてみることをおすすめします。

リスニングレベル順　インタビュー一覧

LL	俳優	Track.No	ページ
4.0	Tom Hanks & Emma Thompson	09	46
4.6	Oprah Winfrey	02	24
4.9	Oprah Winfrey	03	26
4.9	Oprah Winfrey	04	30
4.9	Tom Hanks & Emma Thompson	08	42
5.5	Cate Blanchett	34	120
6.0	Angelina Jolie	37	130
6.0	Nicole Kidman	24	90
6.0	Benedict Cumberbatch	13	58
6.1	Tom Hanks	07	40
6.2	Leonardo DiCaprio	27	100
6.3	Reese Witherspoon	18	72
6.4	Benedict Cumberbatch	14	62
6.4	Reese Witherspoon	17	70
6.5	Nicole Kidman	22	84
6.5	Benedict Cumberbatch	12	56
6.5	Reese Witherspoon	19	76
6.6	Ryan Gosling	48	164
6.8	Nicole Kidman	23	86
6.8	Denzel Washington	44	152
6.8	Christian Bale & Ryan Gosling	49	168
6.8	Leonardo DiCaprio	28	102
6.8	Leonardo DiCaprio	29	104
6.9	George Clooney	32	114
7.1	Angelina Jolie	39	136
7.5	Chloë Moretz	42	146
7.6	Tom Hanks & Steven Spielberg	54	184
7.7	George Clooney	33	116
7.8	Chloë Moretz	43	148
7.8	Tom Hanks	52	178
7.9	Angelina Jolie	38	132
8.2	Steven Spielberg	53	180
9.1	Christian Bale	47	162

レベル別学習法 1

音声を聞いても何を言っているのかさっぱりわからない人。

まずは内容語だけ聞き取りましょう。

たとえ日本語同士の会話であっても、人は一語一句を聞き取っているわけではありません。大事な部分（内容語）だけをピックアップして聞く力が人には備わっているのです。そこで、英語でも内容語を優先的に聞き取る習慣をつけるために、以下のステップの学習法に挑戦してみましょう。

(1) とりあえず何も見ずに CD を聞いてみて、何となく話し方が好きな Unit を選ぶ。

(2) 右ページの日本語訳を読み、大事だと思う語 2, 3 個に印をつける。このとき、名詞･形容詞･動詞･副詞のような「内容語」を選ぶのがコツです。

(3) 左ページのスクリプトから、(2) で選んだ語に対応する英単語を探して印をつける。

(4) (3) で印をつけた英単語を、音声が聞ける電子辞書や web 辞書で調べ、自分でも真似して発音してみる。自分でまずは発音しておくと、聞き取りやすくなります。

(5) もう一度 CD を聞いて、(4) で調べた語を聞き取る。

(6) ステップ (2) に戻り、大事だと思う内容語を 2,3 個追加し、(5) までのステップを繰り返す。

(2) から (6) までのステップを何度か繰り返して、左ページのスクリプトの上に掲載している語数の 1/4 ～ 1/3 ぐらいの語に印がついたら、各 Unit の最後に掲載している「書き取り Exercise」に挑戦しましょう。下線で示している語を書き取ることができれば、(1) に戻って、別の Unit に挑戦しましょう。

レベル別
学習法
2

ある程度は聞き取れるが、ちょっとしたニュアンスもつかめるようになりたい人。

「スクリプトには表れていないプロソディにも注目しましょう。」

リズム（速さや間の開け方）・ストレス（強勢、音の強さ）・イントネーション（音の高さの変化）のような要素はプロソディと呼ばれます。これらは文字には直接表れませんが、話し手の意図や感情を表すのにとても大切な役割を果たします。ここでは特に音の強さと高さの変化に注目してみましょう。

(1) 左ページのスクリプトを、自分なりの読み方で音読する。このときに、スマホやPC標準搭載の機能を使って自分の声を録音しておきましょう。

(2) ストレスの確認：スクリプトを見ながら自分の録音音声を聞いて、強く読まれている部分に印を入れる。強く読まれている語のうち、一番強く発音されている母音に印をいれるのがコツです。

(3) イントネーションの確認：スクリプトを見ながら自分の録音音声を聞いて、ポーズ（音の切れ目）の直前の音の変化を書き込む。上がっていれば↑、下がっていれば↓、変化していなければ→のような印がおすすめです。

(4) CDの音声を聞いて、(2)(3)の印を入れる。自分の声は黒色、CD音声は赤色、というように色を変えておくと分かりやすくなります。

(5) (1)-(4)のステップで記入した印を見比べて、異なっている部分があれば、右ページの日本語訳を参考にしながら「なぜだろう？」と考えてみましょう。話し終わっていないことを示すため、皮肉やユーモアを伝えるためなど、いくつかの理由が考えられるはずです。

(1)から(5)までのステップが終わったら別のUnitで試してみましょう。プロソディは話し手や場面によって異なるので、ひとつのUnitにこだわるより、場数を踏むことをおすすめします。

レベル別学習法 3

自分でも流暢に話せるようになりたい人。

音声変化に注目しましょう。

話しことばでは、隣同士の音がつながって聞こえる「連結」・文字はあるのに音が聞こえない「脱落」・隣の音の影響を受けて別の音に聞こえる「同化」などの音声変化が起こります。このような音声変化は、理解しておくと聞き取りの際に役立つだけでなく、自然な話し方をするために不可欠な現象です。ここでは特に連結と脱落に注目してみましょう。

(1) 連結の確認：左ページのスクリプトで、語と語の間のスペースの直後が母音で始まっており、かつ、スペースの直前が子音で終わっている部分に印をつける。“him_on” のような印がおすすめです。

(2) 脱落の確認：左ページのスクリプトで、語間のスペースの直前が “p, t, k, b, d, g” のような閉鎖音で終わっており、かつ、(1) で印がついていない部分に印をつける。“ha(d) worke(d) with” のような印がおすすめです。

(3) CD をスロー再生して (1)(2) の印をつけた部分を確認しながら、CD 音声で連結・脱落している部分に別の色で印をつける。

(4) (3) のステップで記入した印を確認しながら、初めはスロー再生の音声に合わせて発音してみましょう。慣れてきたら、スクリプトを見ずに、通常のスピードでシャドーイングに挑戦してみましょう。

音声変化は上記の規則通りに必ず起こるというものではないですし、(1)(2) 以外にも規則があります。ただ、複雑な規則を覚えるより、実際に音声を聞いて感覚をつかむ方が効率がよいようです。(1) から (4) までのステップが終わったら各 Unit の最後に掲載している「聞き取り Power up!」に挑戦しましょう。なぜ聞き取りにくかったのか、連結・脱落のしくみを当てはめて、ある程度説明できれば別の Unit で試してみましょう。

2 好きな俳優のインタビューから聞いてみよう！

以下に、本書に収録した15人の紹介をまとめました。まずは、好きな俳優を選んで聞いてから、出身地や年齢などが似ている俳優のUnitに進みましょう。また、『多聴多読マガジン』をお持ちの方はvol.番号を参考に、別の出演映画についてのインタビューも聞いてみましょう。

アルファベット順に掲載

アンジェリーナ・ジョリー →Track 37 38 39
Angelina Jolie

アメリカ、カリフォルニア州出身。1975年生まれ。女性。俳優、映画プロデューサー。Vol. 13『チェンジリング』

ベネディクト・カンバーバッチ →Track 12 13 14
Benedict Cumberbatch

イングランド、ロンドン出身。1976年生まれ。男性。俳優。Vol. 40『スタートレック・イントゥ・ダークネス』

ケイト・ブランシェット →Track 34
Cate Blanchett

オーストラリア、ビクトリア州出身。1969年生まれ。女性。俳優、舞台監督。Vol. 44『ブルージャスミン』。

クロエ・モレッツ →Track 42 43
Chloë Moretz

アメリカ、ジョージア州出身。1997年生まれ。女性。俳優、モデル。

クリスチャン・ベール →Track 47 49
Christian Bale

イギリス、ウェールズ出身。1974年生まれ。男性。俳優。

デンゼル・ワシントン →Track 44
Denzel Washington

アメリカ、ニューヨーク州出身。1954年生まれ。男性。俳優。

エマ・トンプソン →Track 08 09
Emma Thompson

イングランド、ロンドン出身。1959年生まれ。女性。俳優、脚本家。

ジョージ・クルーニー →Track 32 33
George Clooney

アメリカ、ケンタッキー州出身。1961年生まれ。男性。俳優、映画プロデューサー、監督、脚本家。Vol. 9『レザーヘッズ』。

レオナルド・ディカプリオ →Track 27 28 29
Leonardo DiCaprio

アメリカ、カリフォルニア州出身。1974年生まれ。男性。俳優、映画プロデューサー、脚本家、環境保護活動家。Vol. 2『ディパーテッド』、Vol 12『ワールドオブライズ』、Vol. 30『J エドガー』、Vol. 39『華麗なるギャッツビー』

ニコール・キッドマン →Track 22 23 24
Nicole Kidman

ハワイ生まれ、オーストラリア出身。1967年生まれ。女性。俳優、映画プロデューサー。Vol. 7『ライラの冒険　黄金の羅針盤』、Vol. 19『ナイン』

オプラ・ウィンフリー →Track 02 03 04
Oprah Winfrey

アメリカ、ミシシッピ州出身。1954年生まれ。女性。テレビ司会者、番組プロデューサー、実業家。

リース・ウィザスプーン →Track 17 18 19
Reese Witherspoon

アメリカ、ルイジアナ州出身。1976年生まれ。女性。俳優、プロデューサー。

ライアン・ゴズリング →Track 48 49
Ryan Gosling

カナダ、オンタリオ州出身。1980年生まれ。男性。俳優、作曲家、歌手。

スティーブン・スピルバーグ →Track 53 54
Steven Spielberg

アメリカ、アリゾナ州出身。1946年生まれ。男性。映画監督、映画プロデューサー。

トム・ハンクス →Track 07 08 09 52
Tom Hanks

アメリカ、カリフォルニア州出身。1956年生まれ。男性。俳優、プロデューサー、映画監督、脚本家。

3 好きな話し方のインタビューを聞いてみよう！

一口に「話し方」といっても、前ページで紹介した出身地・年代・性別・職業の他にも、聞き手の数・話し手の立場・話題などによって、同じ人でも異なった話し方をするものです。取っつきやすい要素を含むUnitから順に聞いてみましょう。

＜出身地＞

リスニング面では、世界のさまざまな地域で話されている英語を聞き慣れることが大切です。一方、スピーキングの面ではすべての地域の英語を真似して発音し分ける必要はありません。全Unitを何となく聞いてみて、聞きやすかったり好みに合っている発音をひとつ選んで真似をしてみましょう。

＜年代・性別＞

インタビュー収録当時17歳だったクロエ・モレッツから威厳あるシニアになりつつあるスティーブン・スピルバーグまで、さまざまな年代の俳優や監督が勢ぞろいしています。自分自身がどのような年代の人と英語で話す可能性があるか想像して、年代別にUnitを選んで聞いてみるのも、おもしろいかもしれません。

英語では日本語ほど性別による話し方の違いがないと言われますが、声の高さが異なるので、男性のほうが聞きやすい・女性のほうが聞きやすいという傾向をつかんで、自分なりの聞き取りのポイントを把握しましょう。

＜職業＞

スターインタビューですから、ほとんどの話し手の職業は俳優ですが、映画の中では、妻・作家・魔女(!)・娼婦・天才数学者など、様々な職業の役柄を演じています。気に入ったインタビューを見つけたら、是非映画も観て、インタビューでの話し方と役柄を演じているときの話し方の違いについても考えてみましょう。

<聞き手の数>

本書に収録されているものはすべて聞き手が目の前にいるインタビューですが、インタビュアーと1対1で向き合って話す場合、複数の話し手がターンテイキングをしながらインタビューに答える場合、記者などオーディエンスの一部から受けた質問に対して、オーディエンス全体に向けて答える場合など、聞き手の数はさまざまです。

1対1のインタビューのように、自分のターン（発話の機会の順）が保証されているときは比較的ゆっくりと話せるので聞き取りやすいですが、次に誰が答えるのか決まっていない一斉インタビューでは、ターンを保つためにつなぎ語が多く入る傾向があります。自分自身が英語を話す場面を思い浮かべて、似た状況で話している Unit から聞いてみましょう。

<話し手の立場>

英語に限らずどんな言語でも、友だちとリラックスして話すときと職場で仕事の話をするときでは話し方が異なるはずです。本書に掲載しているインタビューも、映画の宣伝のための記者会見や、賞を受賞したあとの公式発言、バックステージの直撃インタビューなど、バラエティに富んでいます。各 Unit のインタビューが行われている場面を想像しながら聞いてみましょう。

<話題>

各 Unit の冒頭に掲載している映画紹介を読んで、興味のある映画に関するインタビューから順に聞いてみましょう。ファンタジーやヒューマンドラマ、歴史的事実を扱ったものなど、さまざまなジャンルの映画をピックアップしています。インタビューでの話し方に、深刻な映画なら深刻な様子、コメディタッチの映画ならリラックスした様子というように、映画が持つ雰囲気が表れています。

また、冒頭ページ下には Section ごとのインタビュー内容を掲載しています。ページをパラパラとめくってみて、興味をもった話題から聞き始めるのもおすすめの学習法です。

本書の構成と使い方

映画紹介

まずインタビューの話題になっている映画の説明があります。最初にこの部分を読んでからインタビューを聞くと、背景がわかり内容を理解しやすくなります。

オバマ大統領も「目に涙あふれた……」と絶賛
『大統領の執事の涙』
The Butler
映画紹介
インタビュー ＆Section の内容
Section 1 リー・ダニエルズ監督のこだわりとは p. 24
Section 2 アフリカ系アメリカ人の歴史を伝えたかった p. 26
Section 3 私にはひとつの顔しかない p. 30
英語の特徴と聞き取りのポイント
Oprah Winfrey
オプラ・ウィンフリー

英語の特徴と聞き取りのポイント

各話者の英語の特徴と、リスニングをする際のポイントを解説しています。この部分を読んでから聞くと、音声に対してより意識をすることができます。

語注

語句の意味からバックグラウンドの説明など、さまざまな角度から注釈がつけられています。

YL、LL、wpm、語数

YL（読みやすさレベル）、LL（リスニングレベル）、wpm（word per munites スピードの目安を表わす）、語数の表示をしています。YL、LL については p.8,9 を参照してください。

CD トラック番号

→Track 02

Section 1 リー・ダニエルズ監督のこだわりとは

読みやすさレベル 5.0-5.5 **リスニングレベル** 4.6 **160 wpm** **152 語**

Q: What in your opinion makes Lee* unique and what part of the process convinced you that he was the essential director for this film?

Oprah Winfrey (OP): Well, I had worked with him on *Precious* behind the scenes, and so I -I wanted the opportunity to- to be in his hands. He is ❶a truth seeker, and what David was saying earlier about bringing you to the monitor, he will literally not let any of his actors get away with ❶a breath that's a false moment. And I can testify to that because he pulled me over to the monitor one day and he said, "Look, ❷you see how she's leaning in there? You see how Gloria's leaning in there?" I said, "Yeah." He said, "You see?" he took a breath. "Drop the breath." So, uh… I went, "Drop the breath? You mean like don't breathe?" He goes, ❸"I don't wanna hear it, don't wanna see it."

語注

essential: 不可欠な **in (his) hand:**（彼の）意のままに **seeker:** 探求者、追求者 **literally:** 文字どおりに **testify:** 証言する

* **Lee:** リー・ダニエルズ監督。本作の監督。「プレシャス」で、裏方として製作総指揮を担当した。

24

音声のここに注目！

リスニングのポイントとなる発音や言い回しなど音声に着目して解説しています。番号は左ページのスクリプトに対応しています。

音声のここに注目！

❶［"a" の発音］
"a"を /eɪ/ と発音することで「いわゆるリアル追求者」「呼吸さえ」というように、後に続く名詞が強調されています。

❷［言いなおし］
she's のshe はモニターのなかでグロリア役を演じているオプラ本人を指しますが、単にshe と言っただけではインタビュアーには誰のことかわかりづらいためGloria と言い換え、同じリズムで全文を言い直しています。

❸［テンポとリズム］
リー監督の毅然とした態度が伝わるような速いテンポでリズムよく発音されています。

日本語訳

Q: リー・ダニエルズ監督のどういうところがユニークだと思いますか。そして、どういう経緯から、彼がこの映画にぴったりの監督だと思ったのですか。

OP: リーとは『プレシャス』で裏方としていっしょに仕事をしたことがあり、彼の監督作品に出る機会があればと思っていたのです。彼はリアルさを追求する監督で、さっきデヴィッド（息子役のデヴィッド・オイェロウォ）がモニターの前に連れてこられる話をしていましたが、リーは文字どおり俳優がそうすべきでない瞬間には呼吸をするのさえ許さないのです。これは本当だと誓って言えます。というのは、（撮影中の）ある日、彼は私をモニターのところに引っ張っていき、こう言ったのです。「いいかい、ここで君が、つまりグロリアがどういうふうに体を傾けているかわかるかい?」。私が「ええ」と答えると、彼は「いいかい?」と言って息を吸ってみせ、次に（息をとめて）「（ここで）息を落とすんだ」と言ったのです。それで私が「息を落とすですって？　それって息をするなということ?」と尋ねると、彼は「（君があの場面で）息をするのを聞きたくもないし、見たくもない」と言ったのです。

Unit 1　Oprah Winfrey　25

日本語訳

パラグラフごとに分かれています。

書き取り Exercise!

言いよどみがあまりなくきれいに発音している部分を、各 Section からピックアップしています。音声を聞き、まずは内容語をしっかり書き取りましょう。

→Track 05

書き取り Exercise!

ここでは、言いよどみがあまりなくきれいに発音している部分を、各 Section からピックアップしています。音声を聞き、書き取ってみましょう。また声に出して自分でも言ってみましょう。

Section 1

he will ______ __ let any of his actors __ ___ ___ a _____ that's a ____ ______

彼は文字どおり俳優がそうすべきでない瞬間には呼吸をするのさえ許さないのです。

Section 2

It's how every parent, _______ of race, ________ of _______ _________, feels when you have to __ __ of your ___.

どんな親でも、人種や経済状況にかかわらず、自分の息子を旅立たせなければならないときには、あのような気持ちになるものなのです。

Section 3

I feel _______ by the ___ that the ____ and his ____ _______ _____ in their own ___.

あの映画と当時の人たちが彼らなりの方法で行った闘いのおかげで、私は今の自分があるのだと思います。

34

聞き取り Power Up!

早口だったり音声変化が起こっていたり、聞き取りにくいポイントを各 Section からピックアップしています。かなり難しいものもありますのでぜひチャレンジしてみましょう。

→Track 06

聞き取り Power up!

ここでは、早口だったり音声変化が起こっていたり、聞き取りにくい部分を各 Section からピックアップしています。音声を聞き、書き取ってみましょう。

Section 1

because he _____ __ over to the _____ one day and he said, "____, you see how she's _____ in there? You see how Gloria's _____ in there?"

というのは、ある日、彼は私をモニターのところに引っ張っていき、こう言ったのです。「いいかい、ここで君が、つまりグロリアがどういうふうに体を傾けているかわかるかい?」

Section 2

you have an _____ to move _____ with the ______ __ just of ______ __ the ______ of your ____ ______.

人は自分だけの力でなく、すべての祖先の力をもらって前に進むことができるのです。

Section 3

that's one of the _____ why I _____ to be in this _____.

それが、私がこの映画に出たいと思った理由のひとつなのです。

35

CD トラック表

CD	内容
Unit 1 **オプラ・ウィンフリー**	
Track 02	Section 1
Track 03	Section 2
Track 04	Section 3
Track 05	書き取りExercise!
Track 06	聞き取りPower up !
Unit 2 **トム・ハンクス、エマ・トンプソン**	
Track 07	Section 1
Track 08	Section 2
Track 09	Section 3
Track 10	書き取りExercise!
Track 11	聞き取りPower up!
Unit 3 **ベネディクト・カンバーバッチ**	
Track 12	Section 1
Track 13	Section 2
Track 14	Section 3
Track 15	書き取りExercise!
Track 16	聞き取りPower up!
Unit 4 **リース・ウィザースプーン**	
Track 17	Section 1
Track 18	Section 2
Track 19	Section 3
Track 20	書き取りExercise!
Track 21	聞き取りPower up!
Unit 5 **ニコール・キッドマン**	
Track 22	Section 1
Track 23	Section 2
Track 24	Section 3
Track 25	書き取りExercise!
Track 26	聞き取りPower up!
Unit 6 **レオナルド・ディカプリオ**	
Track 27	Section 1
Track 28	Section 2

CD	内容
Track 29	Section 3
Track 30	書き取りExercise!
Track 31	聞き取りPower up!
Unit 7 **ジョージ・クルーニー、ケイト・ブランシェット**	
Track 32	Section 1
Track 33	Section 2
Track 34	Section 3
Track 35	書き取りExercise!
Track 36	聞き取りPower up!
Unit 8 **アンジェリーナ・ジョリー**	
Track 37	Section 1
Track 38	Section 2
Track 39	Section 3
Track 40	書き取りExercise!
Track 41	聞き取りPower up!
Unit 9 **クロエ・モレッツ、デンゼル・ワシントン**	
Track 42	Section 1
Track 43	Section 2
Track 44	Section 3
Track 45	書き取りExercise!
Track 46	聞き取りPower up!
Unit 10 **クリスチャン・ベール、ライアン・ゴズリング**	
Track 47	Section 1
Track 48	Section 2
Track 49	Section 3
Track 50	書き取りExercise!
Track 51	聞き取りPower up!
Unit 11 **トム・ハンクス、スティーブン・スピルバーグ**	
Track 52	Section 1
Track 53	Section 2
Track 54	Section 3
Track 55	書き取りExercise!
Track 56	聞き取りPower up!

Unit 1

Oprah Winfrey

オプラ・ウィンフリー

The Butler

写真：ロイター／アフロ

オバマ大統領も「目に涙あふれた……」と絶賛

『大統領の執事の涙』

The Butler

映画紹介

リー・ダニエルズ監督、ダニー・ストロング脚本による2013年のアメリカのヒューマン映画。アメリカの第34代大統領アイゼンハワーから、ケネディ、ジョンソン、ニクソン、フォード、カーター、そしてレーガンまで、7人の大統領に仕えた黒人執事の実話にもとづいている。フォレスト・ウィテカーが執事のセシル・ゲインズを、オプラ・ウィンフリーがセシルの妻役を演じている。

綿花畑の奴隷として生まれたセシル・ゲインズは、ひとりで生きていくため、見習いからホテルのボーーイとなり、ついには、大統領の執事にスカウトされる。キューバ危機、ケネディ暗殺、ベトナム戦争……、アメリカが大きく揺れ動いていた時代。約30年間ホワイトハウスで過ごしてきたセシルは、歴史が動く瞬間を、最前線で見続けながら、忠実に働き続ける。黒人として、そして、身につけた執事としての誇りを胸に。だが、世界の中枢にいながらも、夫であり、父であったセシルは、家族とともに、その世界に翻弄されていく。「世の中をよくするために、父さんは白人に仕えている」そのことに理解を示す妻とは違って、父の仕事を恥じ、国と戦うため、反政府運動に身を投じる長男、兄とは逆に、国のために戦うことを選び、ベトナムへ志願する次男。激動の時代の中で、彼が世界の中心で見たものとは？　そして人生の最後に流した、涙の理由とは……。

インタビュー　各*Section*の内容

英語の特徴と聞き取りのポイント

テレビ司会者として長年活躍しているだけあって、比較的速いテンポでも伝えたい部分が聞き手にはっきり伝わるようなリズムやイントネーションを使い、必要な部分が効果的に強調される話し方です。

【Section 1】「“a” の発音」や「言いなおし」に注目しましょう。文字で読む文やあらかじめ準備されたスピーチとはひとあじ違った、即興インタビューの醍醐味です。

【Section 2】長い１文のイントネーションパターンと、キーとなる語の強調の仕方に注目しましょう。

【Section 3】フランス語由来の単語の発音や、似たフレーズが繰り返されるときのリズムに注目してください。

オプラ・ウィンフリー

1954年、アメリカ、ミシシッピ州出身。アメリカを代表するテレビ番組の司会者、プロデューサー。司会を務める番組『オプラ・ウィンフリー・ショー』（1986-2011）はアメリカのトーク番組史上最高の番組であると評価され、多数の賞を受賞している。『カラーパープル』（85）で演技デビュー、同年のアカデミー賞にもノミネートされた。『愛されし者』（98）、『シャーロットのおくりもの』（06・声の出演）などがある。

→Track 02

Section 1 リー・ダニエルズ監督のこだわりとは

読みやすさレベル 5.0-5.5 **リスニングレベル** 4.6 **160 wpm** **152 語**

Q: What in your opinion makes Lee* unique and what part of the process convinced you that he was the essential director for this film?

Oprah Winfrey (OP): Well, I had worked with him on *Precious* behind the scenes, and so I -I wanted the opportunity to- to be in his hands. He is ❶a truth seeker, and what David was saying earlier about bringing you to the monitor, he will literally not let any of his actors get away with ❶a breath that's a false moment. And I can testify to that because he pulled me over to the monitor one day and he said, "Look, ❷you see how she's leaning in there? You see how Gloria's leaning in there?" I said, "Yeah." He said, "You see?" he took a breath. "Drop the breath." So, uh… I went, "Drop the breath? You mean like don't breathe?" He goes, ❸"I don't wanna hear it, don't wanna see it."

語注

essential: 不可欠な **in (his) hand:** （彼の）意のままに **seeker:** 探求者、追求者 **literally:** 文字どおりに **testify:** 証言する

* **Lee:** リー・ダニエルズ監督。本作の監督。『プレシャス』で、裏方として製作総指揮を担当した。

音声のここに注目！

❶【"a" の発音】

"a"を /eɪ/ と発音することで「いわゆるリアル追求者」「呼吸さえ」というように、後に続く名詞が強調されています。

❷【言いなおし】

she's のshe はモニターの中でグロリア役を演じているオプラ本人を指しますが、単にshe と言っただけではインタビュアーには誰のことかわかりづらいためGloria と言い換え、同じリズムで全文を言い直しています。

❸【テンポとリズム】

リー・ダニエルズ監督の毅然とした態度が伝わるような速いテンポでリズムよく発音されています。

日本語訳

Q: リー・ダニエルズ監督のどういうところがユニークだと思いますか。そして、どういう経緯から、彼がこの映画にぴったりの監督だと思ったのですか。

OP: リーとは『プレシャス』で裏方としていっしょに仕事をしたことがあり、彼の監督作品に出る機会があればと思っていたのです。彼はリアルさを追求する監督で、さっきデヴィッド（息子役のデヴィッド・オイェロウォ）がモニターの前に連れてこられる話をしていましたが、リーは文字どおり俳優がそうすべきでない瞬間には呼吸をするのさえ許さないのです。これは本当だと誓って言えます。というのは、（撮影中の）ある日、彼は私をモニターのところに引っ張っていき、こう言ったのです。「いいかい、ここで君が、つまりグロリアがどういうふうに体を傾けているかわかるかい?」。私が「ええ」と答えると、彼は「いいかい?」と言って息を吸ってみせ、次に（息をとめて）「（ここで）息を落とすんだ」と言ったのです。それで私が「息を落とすですって？　それって息をするなということ?」と尋ねると、彼は「（君があの場面で）息をするのを聞きたくもないし、見たくもない」と言ったのです。

→Track 03

Section 2 アフリカ系アメリカ人の歴史を伝えたかった

読みやすさレベル 6.0-6.5 | リスニングレベル 4.9 | 161 wpm | 271 語

Q: What made you want to get involved in this movie, Oprah?

OP: Lee. I was telling him, "Lee, I got a network thing* going on," and uh, he wouldn't listen to me. But I'm glad I said yes. I finally said yes because of the story itself. I'm a student of my own history, of African-American history, and I believe that, uh, when you know who you are, you have an ability to move forward with the strength not just of yourself but the strength of your entire ancestry.

❶ So the ability to tell that story ↓ of the butler in an entertaining way ↓ that would offer an opportunity → for the rest of the world to experience a part of our history ↑ that made our nation ↑ who and what we are ↑ , and to →, uh, demonstrate the love story of African-American family ↑ and the way that ❷tenderness ↓ is exposed to the world, so that people can see → that we are all more alike than different ↓ , that when you → see, uh →, the two of us* at the → bus station ↓ , sending our son off to college ↓ .

語注

ancestry: 先祖、家系　**butler:** 執事　**tenderness:** 優しさ　**alike:** 似ている、そっくりで

***network thing:** （ここでは）テレビの仕事。ウィンフリーが指揮をとるOWN (Oprah Winfrey Network)。

***two of us:** 私たち夫婦。主人公のセシルと、オプラが演じるその妻グロリア。

音声のここに注目!

❶【イントネーション】
9行目のSoから17行目のcollegeまではとても長い1文ですが、区切りの前の語尾でさまざまなトーンのパターンを使って、まだ話が終わっていないということを表現しています。

❷【強調のための間】
「どんな親にでも共通する優しさ」ということが後半部分で一番伝えたい情報ですから、tenderness とevery の後ろに十分に間を入れ、この2語が聞き手の印象に残るような話し方になっています。

❸【ポーズ】
現代のアメリカ英語では差別的意味を持つ“negro”という語をあえて使っているため、前後にポーズ（音の区切り）を入れて、自分ではなく当時の人々が使っていた用語であることを示しています。

日本語訳

Q: オプラさん、この映画に出演したいと思った理由はなんですか。

OP: リー（監督のせい）ですね。「私はテレビの仕事で忙しいのよ、リー」と言ったけど、彼は聞く耳を持たなかったから。でも、引き受けてよかったと思いますよ。結局、ストーリーが気に入って引き受けることになりましたけど。私には、自分のバックグラウンド（祖先）やアフリカ系アメリカ人の歴史について学ぶ気持ちがいつもあります。自分が何者であるかが（自分がなぜ今、存在しているのかが）わかると、人は自分だけの力でなく、すべての祖先の力をもらって前に進むことができるのです。

ですから、この執事の物語を娯楽映画の形で語ることができれば、それは広く世界の人々に、私たちの国が今のようになった部分の歴史を感じとってもらう機会となるでしょうし、さらにアフリカ系アメリカ人家庭における家族愛の物語を、その愛のやさしさを世界に示す形で、身をもって演じることができるだろうと思ったのです。そうすると、私たちには異なる部分よりも共通するところがずっと多いことが見えてきます。たとえば、私たち夫婦がバスターミナルで息子を大学に送り出すシーンを見ていただくと、

It's how ❷ every parent, regardless of race, regardless of economic background, feels when you have to let go of your son. When you see us sitting at the breakfast table in the morning. I wanted to communicate that sense of love and connection and tenderness, and also to, um, allow the spirit and integrity of all of the African-American women, colored, "❸ negro" at the time, who stood by their men and held the families together with their grit and their determination, and allowed their own dreams to be repressed, you know?

語注

regardless of...：〜にかかわらず **allow:** 許す、考慮に入れる **integrity:** 誠実、高潔 **grit:**（困難に立ち向かう）根性 **determination:** 意志の強さ、決意 **repress:**（感情や欲望を）抑え込む、こらえる

日本語訳

どんな親でも、人種や経済状況にかかわらず、自分の息子を旅立たせなければならないときには、あのような気持ちになるものなのです。あの朝、家族で朝食のテーブルについているシーンを見てもらうとき、私が伝えたかったのは、そうした家族の愛とつながり、やさしさといったものでした。さらに、当時は有色人種とか「ニグロ」と呼ばれていたアフリカ系アメリカ人の女性たちの気概と気高さを訴えたかったのです。この女性たちは、つねに夫を支え、根性と固い決意で家族をまとめながら、自分自身の夢は犠牲にしていたのです。

→Track 04

Section 3 私にはひとつの顔しかない

読みやすさレベル 5.5-6.0 リスニングレベル 4.9 166 wpm 352 語

Q: Early on in the film there's a line that says "We got two faces, one is ours, one we show the white people." Is that parallel to your experience as someone who has strived and achieved success in a white-dominated business?

OP: I feel that I have made, uh, a living being myself. When I was nineteen years old I interviewed Jesse Jackson as a young reporter in Nashville, Tennessee, and he said to me then, "One of your gifts is being able to be yourself on TV," so when I moved to Chicago and I was up against the then, ❶quote, quote "King of talk," my boss at the time called me in the office and said, "Listen, we know you'll never be able to beat him, so just go on the air and be yourself." So I have made, you know, a career out of my own authenticity.

語注

parallel: ～と同等である、～と似ている **strive:** 努力する、競争する **up against:** （問題・障害などに）直面して **quote:** 引用（文） **go on air:** 放送される、放送が始まる **authenticity:** 信頼性、信ぴょう性、本物であること

音声のここに注目!

❶【quote, quote】
話しことばで通常 “quote-unquote”と言いながら両手の2本の指でダブルクォーテーションマークの形を示し、「いわゆる」という意味で使います。

❷【homage】
発音記号で示すと /hά(:)mɪdʒ/ となっている辞書が多いようですが、/h/ を発音しない人も多くいます。ここではフランス語風に /əmά(:)dʒ/ と発音しています。

❸【繰り返しのリズム】
maid、slave という語で終わるフレーズを同じリズムで繰り返すことで、親子代々メイドや奴隷という立場であったということが聞き手にイメージしやすくなっています。

日本語訳

Q: 映画の最初のほうのシーンで、「私たちにはふたつの顔がある。ひとつは自分の、そしてもうひとつは白人に見せるためのもの」というセリフがありますね。これは、白人優位の業界で闘い成功をつかんだあなた自身の経験と重なるものですか。

OP: 私は、ありのままの自分でいることで生計を立ててきたつもりです。19歳のとき、テネシー州ナッシュビルで若手のレポーターとしてジェシー・ジャクソン（アメリカの市民権活動家でキリスト教バプティスト派の牧師）にインタビューをしたのですが、そのとき彼がこう言ってくれたのです。「あなたの才能のひとつはテレビでありのままの自分を見せられることですね」。さらに、そのあとシカゴに移って「トークの帝王」（フィル・ドナヒュー）と張り合うことになったとき、当時の上司が私をオフィスに呼んでこう言ったのです。「いいかい、君が彼に対抗できないことはわかっている。だから、そのままカメラの前に立ち、ただ君らしくしていればいい」というわけで、私はありのままの自分であることでキャリアを積んできたのです。

I only have one face that I present to the white world or the black world, or, you know, I talk to my dogs the same way I'm speaking right now. So, uh, it's always- always been the same for me, and I say that with great pride and, um, um, ❷homage and honor to the people who were the generation before me; that's one of the reasons why I wanted to be in this movie.

It is because of- you know, I'm the daughter of an- of a- of a ❸maid, and my grandmother was a ❸maid, and her mother was a ❸maid, and her mother was a ❸slave, so the domestic worker in the speech that Dr. King* gives to, um, uh, my son in the movie, uh, I- I- I- I feel validated by their courage, I feel validated by the war that the butler and his entire generation fought in their own way, and the fact that there's another generation of freedom riders* and freedom- freedom fighters, and- who- who because of evolution and growth and change, uh, decided we're not gonna do that anymore. I think that was also necessary. So both wars were necessary for- for- for the time.

語注

homage: オマージュ、敬意　**validate:** ～が正当であると確認する、～の正当性を立証する
courage: 勇気、度胸

*** Dr. King:** マーティン・ルーサー・キング・ジュニア牧師はボストン大学で神学の博士号を取得している。
*** freedom riders:** 白人と黒人の混成グループで、座席の分離を無視して、長距離バスで旅行するという人種差別撤廃運動に参加する若者のこと。

日本語訳

私には、白人に見せるにも黒人に見せるにもひとつの顔しかありません。うちの犬たちにも、今、話しているのと同じように話しかけますしね。（笑い）それ（私の顔）はいつも同じだったのであり、このことは、私の前に生きた人々への大いなる誇りと敬意と名誉をもって言えます。そして、それが、私がこの映画に出たいと思った理由のひとつなのです。

というのは、私はメイドの娘であり、私の祖母もメイドで、その母親もメイドで、さらにその母親は奴隷だったのです。つまり、映画の中でキング博士が私の息子に語った話の中に出てくる召し使いだったのであり、あの人たちの勇気のおかげで、あの執事と当時の人たちが彼らなりの方法で行った闘いのおかげで、私は今の自分があるのだと思います。私のこの気持ちは、発展や成長や変化を経験し、二度とこういうことはしないと決意したフリーダム・ライダーズやフリーダム・ファイターズ（自由の戦士）といった新しい世代が出てきていることについても言えます。これ（この闘い）もまた必要だったのだと思います。どちらの闘いもそのときには必要だったのです。

→Track 05

書き取り Exercise!

ここでは、言いよどみがあまりなくきれいに発音している部分を、各 Section からピックアップしています。音声を聞き、書き取ってみましょう。また声に出して自分でも言ってみましょう。

Section 1

he will ______ __ let any of his actors __ ____ ____ a _____ that's a ____ ______

彼は文字どおり俳優がそうすべきでない瞬間には呼吸をするのさえ許さないのです。

Section 2

It's how every parent, ________ of race, ________ of ________ ________, feels when you have to __ __ of your ___.

どんな親でも、人種や経済状況にかかわらず、自分の息子を旅立たせなければならないときには、あのような気持ちになるものなのです。

Section 3

I feel _______ by the ___ that the _____ and his _____ ________ _____ in their own ___,

あの執事と当時の人たちが彼らなりの方法で行った闘いのおかげで、私は今の自分があるのだと思います。

→Track 06

聞き取り Power up!

ここでは、早口だったり音声変化が起こっていたり、聞き取りにくい部分を各Section からピックアップしています。音声を聞き、書き取ってみましょう。

Section 1

because he _____ __ over to the ______ one day and he said, "_____, you see how she's ______ in there? You see how Gloria's ______ in there?"

というのは、ある日、彼は私をモニターのところに引っ張っていき、こう言ったのです。「いいかい、ここで君が、つまりグロリアがどういうふうに体を傾けているかわかるかい?」

Section 2

you have an _____ to move ______ with the ______ __ just of ______ __ the ______ of your _____ ______.

人は自分だけの力でなく、すべての祖先の力をもらって前に進むことができるのです。

Section 3

that's one of the ______ why I ______ to be in this _____.

それが、私がこの映画に出たいと思った理由のひとつなのです。

column ①

アフリカ系アメリカ人英語 (AAVE) の特徴

『大統領の執事の涙』では、執事のCecilとその妻Gloriaだけでなく、アフリカ系アメリカ人が多く登場します。セリフの中から、African American Vernacular English (AAVE)と呼ばれる英語の特徴を探してみましょう。

> GLORIA: I think she done that just to spite me.
> （彼女は私への嫌がらせのためにあれをやったと思うの。）
>
> CECIL: Honey, ain't nobody done nothing to spite you.
> （君に嫌がらせをした奴なんて誰もいないさ。）

＜過去形＞ "she did that", "nobody did" と言わずに "done" という語で過去時制を表しています。他にも "You done broke our window. You done stole our food." というセリフが出てきます。

＜否定形の ain't ＞ "am not", "isn't", "aren't", "haven't", "hasn't" のような否定の表現の代わりに "ain't" がよく使われます。

＜二重否定＞ 標準的な英語では "Nobody has done anything to spite you." と言うところですが、" ain't", "nobody", "nothing" という否定語を同じセンテンスの中で何度も使っています。

Unit 2

Tom Hanks
トム・ハンクス
&
Emma Thompson
エマ・トンプソン

Saving Mr. Banks

写真：REX FEATURES/アフロ

映画『メリー・ポピンズ』誕生秘話に基づく物語『ウォルト・ディズニーの約束』

『ウォルト・ディズニーの約束』

Saving Mr.Banks

映画紹介

ジョン・リー・ハンコック監督による2013年のアメリカ・イギリス・オーストラリアのヒューマン映画。英米のオスカー俳優エマ・トンプソンとトム・ハンクスが主演。そのほか、ポール・ジアマッティ、ジェイソン・シュワルツマン、ブラッドリー・ウィットフォード、コリン・ファレルも共演している。本作は『メリー・ポピンズ』の原作者であるP. L.トラヴァースとその映画化を長年熱望しているウォルト・ディズニーの衝突を描き、紆余曲折を経て作品が完成するまでのドラマ。

ウォルト・ディズニー（トム・ハンクス）は娘の愛読書である『メリー・ポピンズ』の映画化を長年にわたり熱望していた。彼は英国に住む原作者P. L.トラヴァース（エマ・トンプソン）に映画化を提案するがことごとく否定されてしまう。それでも諦めないウォルトに業を煮やしたトラヴァースは決着をつけるためにハリウッドにやってくる。彼女は脚本のアイデアにことごとく反対し、ついに映画製作は暗礁に乗り上げてしまう。何度も繰り返される両者の激しい衝突。誰もが続行不可能と思ったこの映画は、どのようにして実現したのか。なぜ彼女は頑なに『メリー・ポピンズ』を守ろうとするのか。その答えが、幼い頃の彼女と父親の関係にあると知ったウォルトは、映画製作続行への最後のチャンスをかけて、トラヴァースにある「約束」をする。

インタビュー　各 Section の内容

英語の特徴と聞き取りのポイント

映画『ウォルト・ディズニーの約束』撮影後の記者会見でのインタビューで、すっかりくだけた調子で話しており、撮影の楽しさが伝わってくるようです。ナチュラル・スピードで話していますが、聞き取れない部分は前後の文脈を考えて補いながら聞きましょう。カリフォルニア出身のトム・ハンクスと、ロンドン出身のエマ・トンプソンの発音の仕方の違いについても考えてみましょう。

【Section 1】ポーズが少なくとても速く聞こえますが、まずは強勢が置かれている語だけを拾いながら聞いてみましょう。

【Section 2】アメリカ発音とイギリス発音に特徴的な音 /æ/ と / 母音＋ r/ に注目してみましょう。

【Section 3】ふたりとも芝居がかった口調でユーモラスに話しています。リズムやイントネーションに注目しましょう。

トム・ハンクス
Tom Hanks

1956年、アメリカ、カリフォルニア州出身。1988年『ビッグ』でアカデミー賞に初ノミネート。その後、『フィラデルフィア』(93)、『フォレストガンプ／一期一会』(94) でアカデミー賞主演男優賞を2年連続で受賞。近年の代表作は『ダ・ヴィンチ・コード』(06)、『ウォルト・ディズニーの約束』(13) など。

ウォルト・ディズニーについての裏話や撮影秘話、映画の中での自分自身の役柄の口真似、ユーモア、皮肉などテーマごとに話の内容にふさわしい間の取り方や声のトーンを使い分けています。

エマ・トンプソン
Emma Thompson

1959年、イングランド、ロンドン出身。ケンブリッジ大学在学中から女優および演出家として活躍し、『彼女がステキな理由』(87) で映画デビュー。そして『ハワーズ・エンド』(92) での演技がセンセーションを巻き起こし、見事、アカデミー主演女優賞を獲得。知性とウィットが武器で、脚本家・演出家としても卓越した才能を持つ。

エマ・トンプソン本人としての口調だけでなく、『ウォルト・ディズニーの約束』の中で演じたP. L. トラヴァースの口真似、自分自身の少女時代を振り返ったときの口調も含め、3人分の話し方を一度に聞くことができる素材です。特に、声のトーンの違いに注目してください。

→Track 07

Section 1 ディズニーランド誕生秘話

読みやすさレベル 4.0-5.0 リスニングレベル 6.1 202 wpm 165 語

Q: Tom, what did you learn about Walt Disney from doing the movie that you didn't know before?

Tom Hanks (TH): I- uh, the nature of the- the surprises that-that came down to the fact was- uh, was that, really coming from Diane* about how much of just a regular dad this guy was. I mean Disneyland itself came about because he used to spend every Saturday with his ❶ two daughters and, after a while, here in L.A., he ran out of places that he could take his ❶ two daughters.

There was, uh, pony rides over where the ❷ Beverly Center is now, and there was the merry-go-round in- in ❷ Griffith Park, but after that, he was- that was it. And he was sitting, eating peanuts on a park bench in ❷ Griffith Park and the girls were on the merry-go-round, and he said, ❸ "God, there really should be a place dads can take their daughters, um, on a Saturday in L.A." And- and from that, Disneyland was born.

語注

come down to the fact that...: ～ということに尽きる、事実とわかって **come about:** (事が)起こる、生じる **run out of...:** ～を使い果たす、(時間などが)なくなる

* **Diane:** Diane Disney Miller。ウォルト・ディズニーの娘で、ウォルト・ディズニー・ファミリー博物館の館長。

音声のここに注目！

❶【数詞のアクセント】
普通、数詞には強勢が置かれますが、ここでは、ディズニーに娘がふたりいるということはすでに知られた事実として話されているため、daughters だけに強勢が置かれています。

❷【日本語にない音】
“Beverly Center”、“Griffith Park” には日本語にない音が多く含まれています。カタカナ語「ビバリー」「グリフィス」と /bə́vəri/, /grífəθ/ では聞こえ方がずいぶん異なるので注意しましょう。

❸【速いフレーズの練習法】
脱落が多く起こり、速いので聞き取りにくいですが、“God、really、place、dads、daughters” に強勢を置いて自分で発音してみると聞き取りやすくなるはずです。

日本語訳

Q: この映画に出演したことで、ウォルト・ディズニーについて以前は知らなかったことを何か知るようになりましたか。

TH: 事実とわかってたいへん驚いたのは、ダイアンから聞いたのですが、彼がごく普通の父親だったことです。つまり、そもそもディズニーランドが誕生したのは、彼が毎週土曜日はいつもふたりの娘と遊んでいたからであり、しばらくすると、ここロサンゼルスにはもう娘たちを連れていけるところがなくなったのです。

今、ビバリーセンターがあるところにはポニーの乗馬コーナーがあったし、グリフィス・パークにはメリーゴーランドがあったのですが、そこでひととおり遊ばせてやると、もうあとは何もなかったのです。それで、彼がグリフィス・パークでベンチに座ってピーナッツを食べていて、娘たちがメリーゴーランドに乗っているとき、彼はこうつぶやいたのです。「ああ、ロサンゼルスには土曜日に父親が娘を連れていける場所がぜったいに必要だ」。そこからディズニーランドが生まれたのです。

→Track 08

Section 2 ウォルト・ディズニーを演じるにあたって

読みやすさレベル 5.5-6.0 リスニングレベル 4.9 169 wpm 283 語

Q: How did you approach your character?

TH: Uh, there is a bit of a- of a vocal cadence and a rhythm, uh, that Mr. Disney ❶ had, that took a while to figure out. But a lot of the- the little ❶ anecdotes we found, specifically from the likes of, uh, Richard Sherman* and were already in the play, for ex- uh, in the screenplay, for ❶ example, like, uh, Walt's cough.

Uh, you know, Walt put- Walt smoked three ❶ packs a day, and Richard Sherman writes, and, was, uh, in the screenplay as well is that you- you knew- he said you always knew when Walt was coming to visit your office 'cause you could hear him coughing, you know, from down by the elevator.

語注

cadence:（話し言葉の）抑揚、イントネーション **anecdote:** 秘話、逸話 **likes of...:** ～のような人（物） **cough:** 咳 **down:**（特定の場所から）離れて

* **Richard Sherman:** リチャード・シャーマン。ディズニー映画の音楽の作詞作曲を担当。

音声のここに注目!

❶【アメリカ英語 /æ/ の発音】
トム・ハンクスの発言の中から、"had"、"anecdotes"、"example"、"packs" に注目しましょう。/æ/ の音が特徴的です。

❷【イギリス英語 / 母音+r / の発音】
エマ・トンプソンの発言の中から、母音+r を含む語に注目しましょう。アメリカ英語のように r を発音せず、そのまま音を延ばしているように聞こえます。

❸【誇張イントネーション】
"This absolutely... rather nice." はエマ・トンプソンが演じたP. L. トラヴァースの口真似です。パロディであるということがわかるよう大げさなイントネーションで発音しています。

日本語訳

Q: ご自分の役づくりにはどのように取り組んだのですか。

TH: ディズニー氏のしゃべり方には独特の抑揚やリズムがあって、そのコツをつかむのに少し時間がかかりました。でも、彼についての逸話は特にリチャード・シャーマンたちからいろいろ聞けましたし、すでに台本にも書かれていました。たとえばディズニーの咳です。

ウォルト(・ディズニー)は1日にタバコを3箱吸っていて、これはリチャード・シャーマンが書いていることで、台本にもあるのですが、ディズニーが彼の会社を訪ねてくると、いつもすぐわかったそうです。というのは、エレベーターで上がってくるとき咳をするのが聞こえたのです。

Q: In the film, P. L. Travers* made what she thought of Disney's *Mary Poppins* very clear, but how do you think she would have responded to *Saving Mr. Banks*?

Emma Thompson (ET): I reckon this was a woman who kept on saying, "I- I- I don't want anything. I don't want a biography. I don't want anything like that, I don't want anyone to do- uh, know anything about me." Meanwhile, she kept everything she wrote and sent it to- for the archives at Brisbane University. So she- she- she felt I'm ❷ certain that she was an ❷ important ❷ contributor to the ❷ artistic- to the ❷ culture, and wanted I think to, uh, have it ❷ preserved.

And I think what sh- what she would say about this is, ❸ "This absolutely ridiculous film! Uh, n- n- n- n- no relationship, whatsoever, to what was happening. But, you know, it's about me. And, uh, um, at last! And I thought the clothes were really rather nice." I think that's what she would have said.

語注

reckon: (人や物を〜と) みなす、考える **meanwhile:** それと同時に、その一方では **contributor:** 貢献者 **ridiculous:** ばかげた、ふざけた **whatsoever:** どんなものであれ

***P. L. Travers:** パメラ・リンドン・トラヴァース。『メリー・ポピンズ』の原作者で、今回の映画『ウォルト・ディズニーの約束』の主人公のひとり。

日本語訳

Q: 映画の中でP. L.トラバースはディズニーが制作した映画の『メリー・ポピンズ』について自分の意見を非常にはっきり述べていますが、(もし彼女が生きていたら) この映画『ウォルト・ディズニーの約束』にどのような反応を示しただろうと思いますか。

ET: 私が思うには、この女性はいつも「私は何もいらないのよ。私の伝記もいらないわ。そんなものは何も必要ないし、私のことはほっといてほしいし、だれにも私のことを知ってもらいたくもない」といつも言っていたのです。ところが、その一方で、自分の書いたものはすべて大事に残していて、ブリスベーン大学の資料保管庫に送ったのです。ですから、きっと自分は芸術というか、文化に大いに貢献していると思っていて、そうしたものを保存してもらいたかったのでしょう。

そして、この映画についてはこう言うだろうと思いますよ。「まったくとんでもない映画だわ！　実際に起きていたこととは、まったく関係がないじゃないの。でも、これは私についての映画なのね。ああ、ついに！　それに、衣装もなかなかすてきじゃないの」。たぶん彼女はそういうふうに言ったんじゃないかと思います。

→Track 09

Section 3 子どもの頃に演じたかった人物は？

読みやすさレベル 5.5-6.0 | リスニングレベル 4.0 | 139 wpm | 279 語

Q: In the film, both of your characters are pretty obsessed with this book and this character. In your own lives, is there something that you either wanted to do that you were obsessed with?

ET: Just off the top of my head, which is probably the best place to ❶ start, um, it- for me as a child it was always Sherlock ❶ Holmes, with whom I was deeply in ❶ love and who I wanted really to ❶ be.

TH: I, uh, always wanted to play Lestrade of Scotland Yard*, um, just 'cause he's kind of a buffoon that gets to wear a uniform, and I thought, "Well, that would be fun!" So maybe we got something!

語注

be obsessed with...: ～で頭がいっぱいである **just off the top of my head:** ただの思いつき、すぐに思い出せるのは **buffoon:** おどけ者、道化師

***Lestrade of Scotland Yard:** レストレード警部。小説『シャーロック・ホームズ』の登場人物。

音声のここに注目!

❶【語尾の長さ】
ポーズの前の単語の語尾を伸ばすことで、シャーロック・ホームズに恋していた少女時代を回想している感じを出しています。

❷【文末のイントネーション】
文末を上昇調で発音し、ライドが楽しいはずだと自分が思った理由を列挙することで、孫を泣かせてしまった自分への皮肉が表現されています。

❸【ポーズの取り方】
"her ride... Great Adventure" の部分に特徴的に表れているように、この質問への回答ではポーズを多くとり、自分が失敗したという事実を客観的に表現しようとしているようです。

日本語訳

Q: 映画の中で、おふたりが演じる登場人物はどちらもこの本(『メリー・ポピンズ』)とその主人公(メリー・ポピンズ)にたいへん魅了されているのですが、実生活で何か夢中になったものや、役者としてやってみたかったものがありましたか。

ET: 今すぐ思いつくことといえば——たぶん、それからまず答えるのがいいのでしょうが——子どものころの私にとって、それは(夢中だったのは)いつもシャーロック・ホームズでした。彼のことが大好きで、本当に彼のようになりたかったのです。

TH: 僕はいつもロンドン警視庁のレストレード警部の役をやりたかったな。というのは、彼は制服を着た道化師のようなものだからですよ。それで「ほう、おもしろそうだな」と思ったんです。だから僕たち(エマと僕)には何か縁があったんですよ。

Q: Do you take your own grandkids to Disneyland?

TH: Uh, I have taken them to Disneyland, on the day that we shot in Disneyland. Uh, they came and an interesting thing happens, as a grandparent, that you see no reason whatsoever that your granddaughter shouldn't be delighted to take a ride on the Winnie the Pooh Adventure*. It's Winnie the ❷Pooh! It's ❷fun! It's Pooh ❷Bear. It's Kanga and Roo and ❷Owl. It's Christopher ❷Robin. It's gonna be a blast! She's gonna remember this the rest of her life: ❸her ride on Winnie the Pooh's Great Adventure.

My granddaughter was terrified by the noise, the big spinning bears. She will now be haunted for the rest of her days by this first image of Winnie the Pooh, in a loud, short, herky-jerky ride that her grandfather forced her to do, on the day he played Walt Disney in Disneyland. That is just a sample of the fantastic job I do as a grandparent. Thank you.

語注

be delighted to...: 喜んで～する　**blast:** とても楽しい時間（体験）　**herky-jerky:** ぎくしゃくした動きの、ガタガタと動く

***Winnie the Pooh Adventure:** プーさんのハニーハントライド。蜂蜜を入れるハニーポット型の乗り物に乗って、くまのプーさんの物語の舞台となった100エーカーの森を冒険していくアトラクション。

日本語訳

Q: トム、ご自分でもお孫さんをディズニーランドに連れていきますか。

TH: ええ、ディズニーランドで撮影があった日に連れていきました。孫たちはやって来たのですが、おもしろいことが起きたのです。おじいちゃんとしては、孫が「くまのプーさんの冒険アトラクション」のハニーハントライドに乗って喜ばないなんて考えられないのです。「くまのプーさん」なんですよ。楽しいはずなんです。「くまのプーさん」にカンガとルーとオウル、クリストファー・ロビンもいるんです。最高に楽しいはずなんです、このことは、つまり「プーさんのハニーハントライド」に乗ったことは、孫にとって一生の思い出になるはずなんです。

（ところが）僕の孫は、大きな音と、ぐるぐるまわる大きなクマにおびえていたのです。きっと孫は、おじいちゃんがディズニーランドでウォルト・ディズニーを演じた日に無理やり乗せられた、ガタガタと騒々しい乗り物の中で受けた「くまのプーさん」のこの第一印象に一生つきまとわれることでしょう。これは、僕がおじいちゃんとしてやっているすばらしいことのほんの一例です。ありがとうございました。

→Track 10

書き取り Exercise!

ここでは、言いよどみがあまりなくきれいに発音している部分を、各 Section からピックアップしています。音声を聞き、書き取ってみましょう。また声に出して自分でも言ってみましょう。

Section 1

__________ itself _____ about because he used to _____ every _______ with his ___ ________.

そもそもディズニーランドが誕生したのは、彼が毎週土曜日はいつもふたりの娘と遊んでいたからです。

Section 2

_________, she ____ _________ she _____ and ___ it to-for the _______ at Brisbane ________.

ところが、その一方で、自分の書いたものはすべて大事に残していて、ブリスベーン大学の資料保管庫に送ったのです。

Section 3

That is just a ______ of the ________ ___ I do as a __________.

これは、僕がおじいちゃんとしてやっているすばらしいことのほんの一例です。

→Track 11

聞き取り Power up!

ここでは、早口だったり音声変化が起こっていたり、聞き取りにくい部分を各 Section からピックアップしています。音声を聞き、書き取ってみましょう。

Section 1

God, there really ______ be a _____ ____ can ___ their ________,

ああ、ロサンゼルスには土曜日に父親が娘を連れていける場所がぜったいに必要だ。

Section 2

I- I- I ____ ____ _______. I ____ want a biography. I don't want _______ like that, I don't want ______ to do - uh, know _______ about me.

私は何もいらないのよ。私の伝記もいらないわ。そんなものは何も必要ないし、私のことはほっといてほしいし、だれにも私のことを知ってもらいたくもない。

Section 3

I have ____ them to Disneyland, __ __ ___ that we ___ in _________.

ディズニーランドで撮影があった日に連れていきました。

column ②

ビジネスシーンでの イギリス風マナーとアメリカ風マナー

『ウォルト・ディズニーの約束』では、P. L. トラヴァーズ(Pamela) の気難しい性格が誇張気味に表現されていますが、言葉の使い方に対する彼女のこだわりには、イギリスとアメリカでのビジネスマナーの違いも反映されているように感じられます。例を見てみましょう。

PAMELA: It's an honour, Mister Disney.
WALT: Walt, you gotta call me Walt, ya know.

* *

WALT: Pam, Pam, the last thing I want is to make you feel—
PAMELA: My name, if you please, is MRS. Travers.

初対面のときから自分のことを "Walt" とファーストネームで呼んでほしいと言い、夫人のことを "Pam" という愛称で呼んでいるように、ディズニー氏はアメリカ的マナーで接していますが、イギリス的マナーを守ろうとするトラヴァーズ夫人は、馴れ馴れしい呼び方を断固拒否しています。「Mrs. Travers と呼んでください」という表現は映画の中で何度も繰り返されますが、運転手のラルフにだけは気を許し "Ralph" "Pamela" と呼び合うシーンが見ものです。

Unit 3

Benedict ベネディクト・カンバーバッチ Cumberbatch

The Imitation Game

写真：FameFlynet UK/アフロ

天才数学者アラン・チューリングの人生を描く

『イミテーション・ゲーム』

The Imitation Game

映画紹介

2015年第87回アカデミー賞で作品賞、監督賞（モルテン・ティルドゥム）、主演男優賞（ベネディクト・カンバーバッチ）、助演女優賞（キーラ・ナイトレイ）を含めた8部門でノミネートされ、グレアム・ムーアに脚色賞をもたらした映画。『シャーロック』(TVシリーズ)の天才探偵役でブレイクしたベネディクト・カンバーバッチが主演、監督は、『ヘッドハンター』で注目を集めたノルウェーのモルテン・ティルドゥム。世界の運命を変える偉業を達成するも、その詳細が明らかにされてこなかった天才数学者アラン・チューリングの数奇な人生を描いたサスペンス映画。

時は第2次世界大戦。ドイツ軍との戦いで劣勢を強いられている連合軍の急務は、敵の暗号機エニグマを解読することだった。イギリスが白羽の矢を立てたのは天才数学者アラン・チューリング。ケンブリッジ大学の特別研究員で、27歳にして天才数学者とたたえられるアラン・チューリングは英国政府の秘密作戦に参加、ナチスの独裁国家ドイツのエニグマという解読不能と言われた暗号コードに挑むことになる。その国家的なミッションは困難を極め、チューリングもまたさまざまな困難に直面していく。彼は数学者であっただけではなく、論理学者、暗号解読者でもあった。そして幼少期から、数学や科学の分野での才能が顕著だった。しかし、アランにはある秘密が……。

インタビュー　各Sectionの内容

英語の特徴と聞き取りのポイント

低音の落ち着いた声が魅力的ですが、トーンが低い上に難易度の高い単語が多く使われているため聞き取りにくい部分があるかもしれません。特にSection 2 では強勢の置き方が難しい語が多くみられます。天才アラン・チューリングを演じた直後のインタビューですから、そのことが使う単語や話し方にも影響しているのかもしれません。

【Section 1】特に、“Twitter” の発音に注目しましょう。日本語の「ツイッター」とはずいぶん異なります。

【Section 2】長めの語の強勢の位置に注意しましょう。

【Section 3】苦手な質問を受け、言いよどんだり観客からの助けを得たりしながら答えています。

Benedict Cumberbatch

ベネディクト・カンバーバッチ

1976 年、イングランド・ロンドン出身。両親ともに俳優の家庭で育つ。名門パブリックスクール在学中から演技を始め、以降、主に舞台で活躍。2010 年に BBC で放映されたテレビドラマシリーズ『シャーロック』で現代に蘇ったシャーロック・ホームズを偏屈かつスタイリッシュに演じ一躍ブレイク。今後はハリウッドでの活躍も期待されている。

→Track 12

Section 1 SNSに登場する自分の偽アカウントについて

読みやすさレベル 4.0-4.5 **リスニングレベル** 6.5 **208 wpm** **91 語**

Q: What do you think about the imitation game reality when people take your name and open a Twitter account or Facebook account under your name?

Benedict Cumberbatch (BC): I've got lots of friends who are on ❶Twitter so they kind of, you know, ❷oust_any pretenders. Um… I- I- I don't know, I haven't really, I haven't really, I haven't really looked into it myself, and I suppose most of it's benign. But I think if you're trying to hoodwink genuine fans with pretending that you're me, that's pretty cruel. So, um, those who I know who do go on ❶Twitter and use social media a lot ❸kind_of look_out for me. So, um… yeah. I don't—I'm not on ❶Twitter.

語注

oust: （ある場所から人を）追い出す、立ち退かせる **pretender:** ふりをする人、偽善者 **benign:** 無害な、悪気のない **hoodwink:** （人を）だます **genuine:** 純粋な **cruel:** 残酷な、ひどい

音声のここに注目!

❶【Twitter の発音】
カタカナ語では「ツイッター」ですが、"T" と"w" の間には母音がないので「ツ」とは聞こえませんし、"i" の部分がカタカナ語より短く聞こえます。

❷【耳慣れない語と連結】
2語がつながって「アウステニ」と聞こえるので、"oust"(追い出す)という語を知らなければ聞き取ることが難しいかもしれません。聞き取りには語彙力も大切です。

❸【日常語と連結】
"kind_of"、"look_out"どちらもよく使われるフレーズなので、特に理由がない限り区切ってはっきり発音されることはありません。つながった音の塊を頭の中で語に分けられるようになるためには、聞き慣れることが重要です。

日本語訳

Q: あなたになりすまし、あなたの名前でツイッターやフェイスブックのアカウントを作る人たちがいるそうですが、そういうイミテーションゲームというか、模倣の実態をどう思いますか。

BC: 私にはツイッターを使っている知り合いがたくさんいるので、その人たちがそういう偽装者(私のふりをする人)がいれば追いだしてくれます。私が自分で実際に読んだわけではないですし、ほとんどは悪気のないものだと思いますが、私のふりをして純粋なファンをだまそうとしているとしたら、それはとてもひどいことだと思います。ですから、私の知っている人たちでツイッターをしたり、ソーシャル・メディアをよく使ったりしている人たちが、私のために警戒していてくれるのです。というわけで、ええ、私はツイッターはやっていないのです。

→Track 13

Section 2 歴史の中のチューリング

読みやすさレベル 6.3-7.0 | リスニングレベル 6.0 | 193 wpm | 296 語

Q: Turing* was both a hero and a tragic figure because of what happened to him postwar, but you play a human being in the context of this story.

BC: I think it's what he was as well, though. Ultimately, that's what makes him ❶heroic. There was something very… um, subtle, ❷uncompromising and unusual about him, but also very quiet and stoic. There was… he didn't knowingly martyr himself, he was just true to himself, you know? He didn't — he didn't see himself as a victim or hero. He just did his work and, and behaved true to his nature.

Q: You probably knew it because it's part of British history, too, and it's a part of world history?

BC: Not—not—not as, um, as, uh, up front as it should be. You know, and it is known and we—we—we—like, the ❸centenary, there was a huge deal of light shown on him again, the pardons, the royal and the— the ❷governmental pardon, as well as Obama listing him as, um, one of four— three or four great British scientists, with Isaac Newton and Darwin.

語注

tragic: 悲劇の **postwar:** 戦後の **in the context of:** ～照らして **ultimately:** 最終的に、結局 **subtle:** とらえにくい、(すぐには) わからない **uncompromising:** 非常に熱心な、妥協しない **stoic:** 禁欲的な **knowingly:** 知ったかぶりをして、故意に **martyr:** ～を殉教させる **up front:** あらかじめ、前もって **centenary:** 100 周年 **pardon:** 許し、恩赦

* **Turing:** アラン・チューリング。カンバーバッチが演じる本作の主人公。数学、暗号解読の学者でドイツ軍の暗号「エニグマ」を解読した。

音声のここに注目！

❶【カタカナ語と強勢の位置が異なるケース】

her**o**ic、cel**e**brity で音が強くなる位置は、カタカナ語「ヒーロー」「セレブ」で音が高くなる位置と異なります。

❷【第 1 強勢・第 2 強勢があるケース】

unc**o**mpromising、governm**e**ntal、inv**e**stigated、extra**o**rdinaryのような長い語では太字で示した音を一番強く、下線で示した音を2番目に強く発音します。

❸【人によって強勢の位置が異なるケース】

ここではcent**e**nary のようにふたつ目の音節を強く発音していますが、c**e**ntenary のように最初の音節を強く発音する人もいます。

日本語訳

Q: チューリングは英雄であると同時に、戦後、彼の身に起きたことからして悲劇の主人公でもあるのですが、この物語ではあなたは彼をひとりの人間として演じていますね。

BC: でも、それ（ひとりの人間であること）が彼の実際の姿でもあるのだと思います。結局、だからこそ彼は英雄的なのです。チューリングにはどこかとらえがたく、毅然としていて、一風変わったところがありますが、同時にたいへん控えめで禁欲的なところもあります。彼は意識的に殉教者になろうとしたのではないのです。自分に正直だっただけなのです。自分のことを犠牲者だとか英雄だとか思っていたわけではありません。ただ自分の職務を果たし、自分の本性に従って行動しただけなのです。

Q: あなたはたぶんそのことはご存じだったのでしょうね。イギリスの歴史の一部でもあり、世界の歴史の一部なのですから。

BC: 最初は当然知っているべきことまで知っていたわけではありません。たしかにチューリングの話は（ある程度）知られていて、生誕100年記念行事のように、彼にまた脚光が当てられましたし、恩赦が――イギリス王室と政府による恩赦があり、さらにアメリカのオバマ大統領はアイザック·ニュートンやダーウィンとともにイギリスの偉大な科学者3、4人のうちのひとりとして彼の名前をあげているのです。

But, as we all know, ❶celebrity isn't a signifier of importance. So, um, what actually needs to be ❷investigated is what he actually achieved. And those were tiny bubbles. And I think one of the things I, I was most passionate about, um, with this film and, and want from, you know, uh-uh-uh, its audience and its reception is, is for as broad…um, a-a-a broad as possible amount of people to see it in order for him to be far more widely known.

Because y-y-y-you're aware of it in English culture, we're aware of Bletchley Park*, but there's an awful lot of this story that, that does, I think, come as a rude shock to people. Um, he's a very special person for a lot of people, but I think, um, the reactions I've been having anyway from people who've seen the film is how ❷extraordinary it is that they haven't heard of him before, or didn't know the full story.

語注

signifier: 指し示す人（もの） **passionate:** 情熱的な **awful:** 大変な、おそろしい **extraordinary:** 不思議な、特別な

***Bletchley Park:** ブレッチリー・パーク。イギリス バッキンガムシャー州ミルトン・キーンズのブレッチリーにある庭園と邸宅。第二次世界大戦期には政府暗号学校が置かれた。アラン・チューリングが勤務したことで有名。ドイツ軍のエニグマ暗号の解読に成功するなどの成果を上げた。

日本語訳

しかし、ご存じのように、知名度が重要性を示すのではありません。したがって、本当に探求すべきは、彼が実際に達成したことなのです。そして、こうしたこと（上記のさまざまな再評価の動き）は小さなバブル（かけら）だったのです。ですから、私がこの映画で情熱を傾け、映画の観客とその反応に期待することのひとつは、できるだけ多くの人たちに見てもらい、彼がもっと広く知られるようになることなのです。

というのは、イギリスの文化の中にそれ（彼が暗号を解読して多くの命が救われたこと）があることに私たちは気づいていますし、ブレッチリー・パークのことも知っているのですが、この物語には人々にひどいショックを与えるようなさまざまな要素があるのです。チューリングは多くの人にとってとても特別な人物ですが、今のところ私がこの映画を見た人たちから得た反応は、彼のことをこれまで聞いたことがなかったのは、あるいは詳しい経緯を知らなかったのは実に不思議だというものでした。

→Track 14

Section 3 インテリな役が多いですよね

読みやすさレベル 5.5-6.0 | リスニングレベル 6.4 | 177 wpm | 183 語

Q: Why do you think directors keep casting you in intelligent roles?

BC: I don't know. It is a question for directors, really, I think, um… ❶or friends, but I don't wanna be here when they- I hear- when the answer is said. It would just make me embarrassed, I think. It's—it's—it's very- it's very flattering ❷on one account. It's quite disturbing ❷on another, because I'm— I'm—I'm far removed from the level of intelligence of the characters I've been lucky enough to portray.

Um, you know, what I—what I try and look for is something that uh, a general audience can relate to, to have, uh, an investment in these extraordinary people who achieve extraordinary things. And, uh, that's—that's an easier task for an actor, you know, to humanize these incredible machines of ideas that some of these people are. Um, not easy always, but that's the challenge and that's what, that's what I've enjoyed doing. But, uh… oh, ❸crap, I'm really bad at answering this question. I've been asked it quite a lot and I'm really bad at it. Um, sorry if that's a bit of a dodge. But, yeah, um, I, yeah, I'm very lucky.

語注

embarrassed: 恥ずかしい、困惑して **flattering:** 褒めそやす、（人に）お世辞を言う **account:** 意味、理由 **removed:** 隔たった、かけ離れた **portray:** 演じる **relate to... :** ～に共感する **investment:** 関心 **humanize:** ～を人間らしくする **crap:** 困ったな、まいったな **dodge:** （責任回避のための）ごまかし

音声のここに注目！

❶【確認・同意】
観客から聞こえてきた “Or friends.”というフレーズをキャッチして「確かにそうだ」と同意しているため、“or”が高い音で始まり“friends” で音が下がるイントネーションになっています。

❷【対になるフレーズ】
ここでは“one” と “another” が対になっているので、“on one account”の後でまだ話が続くということを示すために、上昇調になっています。

❸【俗語】
あまり美しい言葉ではありませんから、聞いてニュアンスを理解することは重要ですが、特に公式な場で話すときには使わないほうが無難です。

日本語訳

Q: どういうわけでいつも監督たちはあなたを知的な役柄に当てるのだと思いますか。

BC: さあ、どうしてでしょうね。それは監督に尋ねるべき質問だと思いますよ。あるいは友人たちに。ただし、その答えが返ってくるとき私はここにはいたくありませんね。とてもきまりが悪いでしょうから。これは、ある意味で満更でもないのですが、また別の意味では不安にもなります。というのは、私は、ありがたくもこうして演じさせてもらっている人物の知的レベルにはとても達していないのですから。

私自身が心がけ、そして期待していることは、映画を見てくれる人たち（一般の観客）が、非凡なことを成し遂げるこうした非凡な人たちを理解し関心を示してくれることなのです。そして役者にとって、機械のようにアイデアを生み出すこうした驚くべき人物たち——そうした人たちの何人かはまさにそのとおりなのですが——に人間味を与えることは比較的たやすい仕事です。いつも簡単ではないのですが、それはやりがいがあって、それこそ私が楽しんでやってきたことなのです。しかし……困ったな……この質問に答えるのはどうも苦手です。何度も尋ねられたことがあるのですが、本当にうまく答えられないのです。回答を避けているように聞こえたら、すみません。でも、ええ、私はとても運がいいのです。

→Track 15

書き取り Exercise!

ここでは、言いよどみがあまりなくきれいに発音している部分を、各 Section からピックアップしています。音声を聞き、書き取ってみましょう。また声に出して自分でも言ってみましょう。

Section 1

I haven't really _____ into it _____ , and I suppose most of it's _____.

私が自分で実際に読んだわけではないですし、ほとんどは悪気のないものだと思います。

Section 2

he _____ see himself as a _____ or ____. He just did his _____ and, and behaved ___ to his _____.

自分のことを犠牲者だとか英雄だとか思っていたわけではありません。ただ自分の職務を果たし、自分の本性に従って行動しただけなのです。

Section 3

that's an _____ ___ for an actor, you know, to ________ these _________ _________ of _____ that some of these ______ are.

そして役者にとって、機械のようにアイデアを生み出すこうした驚くべき人物たち――そうした人たちの何人かはまさにそのとおりなのですが――に人間味を与えることは比較的たやすい仕事です。

→Track 16

聞き取り Power up!

ここでは、早口だったり音声変化が起こっていたり、聞き取りにくい部分を各Section からピックアップしています。音声を聞き、書き取ってみましょう。

Section 1

I've ___ ___ of _____ who are on _____ so they kind of, you know, ___ _any ________.

私にはツイッターを使っている知り合いがたくさんいるので、その人たちがそういう偽装者（私のふりをする人）がいれば追いだしてくれます。

Section 2

So, um ____ actually needs to be _________ is ____ he ______ _______.

本当に探求すべきは、彼が実際に達成したことなのです。

Section 3

I've been _____ it quite a __ and I'm really ___ at it.

何度も尋ねられたことがあるのですが、本当にうまく答えられないのです。

column ③

Turing は、チューリング？テュリング？トゥーリング？

『イミテーション・ゲーム』でベネディクト・カンバーバッチが演じる天才数学者アラン・チューリングは実在の人物です。映画の中だけでなく、チューリングに関するドキュメンタリーでも多くの人が彼について語っていますが、人によってチューリングの名前の発音の仕方が異なるようです。最初の音に注目してください。

/tʃúərɪŋ/　唇を丸めて舌を口の中のどこにも付けずに発音します。「チュ」のように聞こえます。

/tjúərɪŋ/　/t/ の音の直後に舌の後ろの方を上げて発音します。「テュ」のように聞こえます。

/túərɪŋ/　舌の先を上の歯の裏につけてから /ú/ を発音します。「トゥ」のように聞こえます。

これと似た例を挙げます。下線の部分が人によって発音の仕方が異なります。

「コスチューム costume」	「県 prefecture」
「状況 situation」	「タランチュラ tarantula」
「メロディ・曲 tune」	「アマチュア amateur」

Unit 4

Reese Witherspoon
リース・ウィザースプーン

WILD

写真：ロイター / アフロ

どん底の日々からベストセラー作家へと人生をリセットした女性の実話

『わたしに会うまでの1600キロ』

WILD

映画紹介

原作はシェリル・ストレイドの自叙伝『*Wild: From Lost to Found on the Pacific Crest Trail*』。たったひとりで3カ月間、砂漠と山道を踏破した女性の実話。監督はジャン=マルク・ヴァレ、主演は『ウォーク・ザ・ライン／君につづく道』(05)で主演女優賞を受賞したリース・ウィザースプーン。美しく壮大な情景と過酷な旅とともに描かれるヒロインの人生を体現したリースの演技が注目される。本作品は2015年第87回アカデミー賞でリース・ウィザースプーンが主演女優賞にノミネート、ローラ・ダーンが助演女優賞にノミネートされた。

スタートしてすぐに、「バカなことをした」と後悔するシェリル。今日からひとりで砂漠と山道を歩くのだが、巨大なバックパックにふらつき、テントを張るのに何度も失敗し、コンロの燃料を間違えたせいで冷たい粥しか食べられない。この旅を思い立ったとき、シェリルは最低の日々を送っていた。どんなに辛い境遇でもいつも人生を楽しんでいた母の死に耐えられず、やさしい夫を裏切っては薬と男に溺れていた。遂に結婚生活も破綻、このままでは残りの人生も台無しだ。母が誇りに思ってくれた自分を取り戻すために、一から出直すと決めたのだ。だが、この道は人生よりも厳しかった。果たして彼女が、1600キロの道のりで見たものとは……?

インタビュー　各 *Section* の内容

英語の特徴と聞き取りのポイント

典型的なアメリカ女性のカジュアルな話し方です。Section 1では作品の読者としての一面、Section 2 ではシェリル・ストレイド役を演じた俳優としての一面、Section 3では15 歳の娘の母親としての一面を垣間見ることができます。Section ごとに声のトーンが少しずつ異なっていることにも注目しましょう。

【Section 1】/t/ の音でさまざまな音声変化が起こっています。ここでは脱落・声門閉鎖音化・弾音化を取り上げます。

【Section 2】速いスピードで話していても、摩擦音はしっかり発音されています。特に語末の /f/、/v/ に注目しましょう。

【Section 3】'cause、I've got to、She's (I was) like... のようなくだけた表現の発音の仕方に注目しましょう。

Reese Witherspoon

リース・ウィザースプーン

1976年、アメリカ、ルイジアナ州出身。女優、映画プロデューサー。『ハイスクール白書 優等生ギャルに気をつけろ!』(99) で全米批評家協会賞主演女優賞を受賞。『キューティ・ブロンド』(01) の大ヒットにより、一躍トップ・スターとなった。女優業だけでなく製作も精力的に行っている。

→Track 17

Section 1 この映画を選んだのは……

読みやすさレベル 4.0-4.5 **リスニングレベル** 6.4 **182 wpm** **106 語**

Q: What was it about the book that made you want to be in the movie?

Reese Witherspoon (RW): Um, well, I ❶just ❶thought ❶it was such an ❷❶important story. It was one of the most profound books I'd ever read about dealing with loss and grief, and ❸that idea ❶that no one's coming to save you in your life, you have to save yourself.

Um, because otherwise, if she ❷hadn't gone on this journey and ❸reconstituted herself, ❸literally from tiny shreds of the person she was before, she probably would have been lost in an abyss of grief, and drugs, and sex, and… um, and many people go down ❶that ❶rabbit hole ❶but she decided to pull herself ❶out. And I think that's ❸beautiful.

語注

profound: 重要な、奥の深い **grief:** 苦悩、悲しみ **reconstitute:** 再構成する、復帰する **shred:** 破片、断片 **abyss:** どん底、地の底 **go down the rabbit hole:** 悲惨な状況に陥る。＜俗＞麻薬をやる。『不思議の国のアリス』のアリスがウサギの穴に落ちて不思議な体験（幻覚的な体験）をすることに由来。 **pull out:** 引き出す、手を引く

音声のここに注目!

❶【t の脱落】
ほとんどの語末の /t/ が脱落しています。特に後の単語が子音で始まるとき、/t/ の部分で一瞬息の流れが止まりますが、破裂の音は出ていません。

❷【t の声門閉鎖音化】
お手持ちの機器で可能ならimportantとhadn'tの部分をスロー再生してみてください。網掛けで示した /t/ の部分でちょっと息が詰まった感じになっています。これは声門閉鎖音[ʔで表します]という音で、"t"の部分を破裂させずに飲み込むようにして発音しています。

❸【t の弾音化】
よく聞いてみるとthat ideaの下線部は「ラ」、reconstituted、beautifulの下線部は「リ」、literallyの下線部は「ル」のように発音されています。これは弾音（歯茎はじき音[ɾで表します]）という音です。

日本語訳

Q: 原作のどのようなところが気に入って、この映画に出たいと思ったのですか。

RW: とにかく、これはとても重要な物語だと思ったのです。喪失と深い悲しみ、さらに自分の人生において誰も救いに来てくれないので、自力でなんとかするしかないというあの考えを扱っていて、私がこれまで読んだ中で特に深みのある本でした。

というのは、もし彼女（原作の著者、映画の主人公）がそうしていなければ、つまりこの旅に出かけて自分自身をそれまでの文字どおりぼろぼろの状態から自らを建て直していなかったら、たぶん底知れない悲嘆と麻薬とセックスに溺れてしまっていたことでしょう。そうした悲惨な状態に陥る人は多いのですが、彼女はそこから抜けだそうと決心したのです。それに、これはとてもすばらしい話だと思います。

→Track 18

Section 2 若い女性にもきっと共感してもらえる

読みやすさレベル 4.5-5.0 | リスニングレベル 6.3 | 200 wpm | 317 語

Q: Do you think younger women will relate to your character?

RW: I think so. I think it's a universal story. I think it's- you know, she has no ❶money ↑ , she has no ❶opportunities ↑ , she has no ❶mother ↑ , no ❶father ↑ . I think a lot of people can relate to that. Having no- and I love the part where she says, "I have two, two nickels to my name and I don't know what ❸I'm going to do with ❷myself. I don't know how ❸I'm going to reenter the world." But, you know, ❸she's going to try.

And I love that she ends up the movie with nothing. She doesn't have any ❶money ↑ , or a ❶man ↑ , or a ❶car ↑ , or a ❶job ↑ , a mother or a father, anyone to go home to or… But it's happy, you're- you feel happy at the end. You know ❸she's going to be OK and maybe OK is ❷enough. ('Cause she has herself!) She has ❷herself. And… (She found herself, yeah!) And also, you know, she had an extraordinary mother and we have so much reserves ❷of love and support inside us. And even if we just have one person in this world that cares for us, if you can just remember that in your mind and move on, I think anybody's capable ❷of saving themselves.

語注

universal: 普遍的な　**nickel:** 5セント硬貨、少額の金　**to my name:** 自分の所有物として　**reenter:** 再び入る　**extraordinary:** すばらしい、驚くべき　**reserve:** 蓄え、予備　**capable of... :** ～ができる

音声のここに注目！

❶【上昇調のイントネーション】
主人公のCherylが何も持っていなかったということについて、上昇調で例を示しています。

❷【/f/、/v/ の発音】
Section 1 ではほとんどの語末の /t/ が脱落していましたが、摩擦音は、似た音が直後にないときには原則として脱落しません。myself、enough、herself、ofの語末でしっかりと /f/ 、/v/ の摩擦の音が聞こえています。

❸【口語表現】
I'm going to は I'm gonna、she's going to はshe's gonna のように聞こえます。くだけた調子で話すときの口語表現です。

日本語訳

Q: （この物語に）若い世代の女性は感情移入できると思いますか。

RW: ええ、できると思いますよ。これは普遍的な物語だと思います。つまり、彼女にはほとんどお金もなければ、なんの機会にも恵まれず、母親も父親もいないのです。そうした状況に自分を結びつけられる人は多いと思います。私が気に入っている場面で彼女がこう言っているのです。「私は無一文。これからどう生きていけばよいのかわからない。どうしたら普通の社会に戻れるのかわからない」。でも、彼女はそうしようと努力するのです。

そして私がすばらしいと思うのは、彼女は何もないところから出発して、その話が最終的にこの映画にまでなることです。彼女にはお金も、（親しい）男性も、車も、仕事も、母も父もなく、家で誰も彼女を待っていないのです。でも、映画を見終えたとき幸せな気持ちになれるのです。彼女はもう大丈夫だと思うのです。そして大丈夫であれば、それで十分なのです。（彼女には自分自身がついているのですから！）ええ、彼女には彼女自身がついているのです。それに（彼女は自分自身を発見したんですから！）それに、彼女にはすばらしい母親がいたのであり、私たちは自分自身の中に愛情と心の支えをたくさん蓄えているのです。それに、たとえ自分のことを大事に思ってくれる人がこの世にたった一人しかいなくても、そのことを忘れずに前に進んでいけば、誰でも自分を救うことができるのだと思います。

Q: What was the hardest scene to shoot?

RW: I think probably the boot drop* was, physically the hardest. (The boot drop, physically…) The very beginning sequence was really hard. We were high, high up, and then you had to take two ski lifts, then hike for about twenty minutes. They brought all the camera equipment literally held in their hands out to this precipice where it was just this crumbling rock. And we all had to walk in a single file line and be harnessed, and with the camera people being extended on ropes off the side of a mountain. It was crazy. I look back on that day and I was like… we were all very tense that day.

語注

physically: 肉体的に　**sequence:**（映画の）シーケンス。映像を構成するひとつのエピソードで、いくつかのショット　**hike:**（山の中を）歩く　**camera equipment:** カメラ機材　**literally:** 文字どおりに　**precipice:** 断崖、絶壁　**crumble:** ぼろぼろになる　**single file:** 1列縦隊　**be harnessed:** ハーネスをつけた状態で（ハーネスは、ロッククライミングで、クライマーがロープを体に結びつけるために装着する安全ベルト）　**look back on that day:** その日を振り返る　**tense:** 緊張している

***boot drop:** 映画の冒頭シーンにリースがブーツを崖の上から投げるシーンがあり、そのときのことを指している。

日本語訳

Q: いちばん苦労したのはどの場面でしたか。

RW: たぶんブーツを投げる場面が肉体的にいちばんきつかったと思います。(ブーツを投げるのが肉体的に……) 冒頭のシーンは本当にたいへんだったのです。みんなでかなり高いところまで登っていき、そのあとスキーリフトに二度乗って、さらに20分ほど歩いたのです。撮影班はカメラ機材を文字どおり手で持って、岩が崩れ落ちそうな断崖まで運んだのです。そして私たちはみんなで1列縦隊になって、ハーネスをつけて歩き、撮影班はロープをつけて山の斜面から身を乗り出して撮影しなければならなかったのです。とんでもなくたいへんでした。あの日のことを思い返すと、私はまるで……あの日は全員が緊張しきっていたのです。

→Track 19

Section 3 15 歳の娘にはまだちょっと難しいかな

読みやすさレベル 4.5-5.0 | リスニングレベル 6.5 | 208 wpm | 184 語

Q: Will your daughter see the movie?

RW: Yeah, we talked about it. ❶I mean, there's parts in there I think – ❶you know, she's 15 – ❶um, that I think are harder. But I had to explain it to her the other day, ❷'cause I know people are starting to talk about it, and… I said, "Ava*, ❷I've got to tell you something." ❸She's like, "What?" "OK… whew!" ❸It's like, "Um, I'm naked in the movie- OK, but just just let me explain! Let me explain, let me explain, let me explain!" ❸She's like, "Mom, that's so weird!" and then ❸I was like, "I had to be brave, Ava, and I couldn't just tell the parts that I felt comfortable with, ❷'cause Cheryl* was brave enough to tell her whole story, so I had to tell the parts that even I was scared to do."

And- and ❸she's like, "I know, I know, but, like, what if this was Grandma Betty and she was talking to you?" ❸I was like, "I know, you're right, that's totally weird. That would be really, really weird." But she's very proud of me. She's very proud.

語注

weird: 変、おかしな、気色悪い **be brave:** 勇気をだす **tell the part:** 部分的に伝える。(ここでは)「一部だけを演じる」という意味で使われている。 **totally:** 完全に **proud of...:** ～を誇りに思う、～を自慢に思う

＊**Ava:** リースの娘の名前 ＊**Cheryl:** 原作者の名前

音声のここに注目！

❶【挿入句】
話が流れに乗るまでは聞き手の理解を確かめながら言葉をつないでいるせいか、“I mean”, “you know,”などの挿入句が続けて入っています。

❷【口語表現】
“'cause”は“because”のくだけた発音の仕方を文字表記したものです。“I've got to”の部分もカジュアルに“I've gotta”と発音されています。

❸【口語表現】
“She's (I was) like...” は、“She (I) said something like...” のような意味合いで使われています。

日本語訳

Q: あなたの娘さんはこの映画を見ることになるのでしょうか。

RW: ええ、そのことについて娘と話をしました。この映画の中には、娘は15歳なので、理解しにくい場面があると思うのです。でも、そのことがすぐに話題となるのはわかっていたので、先日、そのことを説明しなければなりませんでした。それで私が「エヴァ、あなたに話しておきたいことがあるんだけど」と言ったら、娘が「何？」と尋ねるので、「あのね……、この映画の中でママはヌードになるの。わかったわ、でも、ちょっと、ちょっと説明させて！」と言うと、娘が「それってとっても気色悪いわ」と言うので、こんなふうに説明したのです。「エヴァ、ママは勇気を出さなければならなかったのよ。自分が楽だと感じる場面だけ演じるわけにいかなかったのよ。だって、シェリルが勇敢にも自分の話を全部語ってくれているのだから、ママもぞっとするような場面も演じる必要があったの」と。

そうしたら、娘がこう聞き返してきたのです。「いいわ、わかったわ。でも、もしこれが（ヌードになるのが）ベティーおばあちゃんで、おばあちゃんがママに話をしているんだとしたら（どんな気がする）？」と。私は「そうね、あなたの言うとおりね。それって、まったくもって気色が悪いわね」と答えておきました。でも、娘は私のことをとても誇りに思ってくれているのです。

→Track 20

書き取り Exercise!

ここでは、言いよどみがあまりなくきれいに発音している部分を、各 Section からピックアップしています。音声を聞き、書き取ってみましょう。また声に出して自分でも言ってみましょう。

Section 1

that ____ that ________ _______ to ____ you in your ___, you have to ____ _______.

自分の人生において誰も救いに来てくれないので、自力でなんとかするしかないというあの考え

Section 2

she had an _____________ mother and we have so much _______ of ____ and _______ inside us.

彼女にはすばらしい母親がいたのであり、私たちは自分自身の中に愛情と心の支えをたくさん蓄えているのです。

Section 3

that's ______ _____. That would be _____, _____ _____."But she's very _____ of me. She's very _____.

「それって、まったくもって気色が悪いわね」と答えておきました。でも、娘は私のことをとても誇りに思ってくれているのです。

→Track 21

聞き取り Power up!

ここでは、早口だったり音声変化が起こっていたり、聞き取りにくい部分を各Section からピックアップしています。音声を聞き、書き取ってみましょう。

Section 1

I just ______ it was such an ________ ____. It was one of the most ________ _____ I'd ever ___ about ______ with ___ and ____,

これはとても重要な物語だと思ったのです。喪失と深い悲しみについて扱った私がこれまで読んだ中で特に深みのある本でした。

Section 2

I have two, ___ ______ to my ____ and I ____ _____ ____ I'm going to do with _____. I ____ _____ ___ I'm going to ______ the _____.

私は無一文。これからどう生きていけばよいのかわからない。どうしたら普通の社会に戻れるのかわからない。

Section 3

I _______ just ___ the ____ that I felt ___________with, 'cause Cheryl was _____ ______ to __ her whole ____

自分が楽だと感じる場面だけ演じるわけにいかなかったのよ。だって、シェリルが勇敢にも自分の話を全部語ってくれているのだから。

column ④

地名から、地形やその土地の歴史を想像してみましょう

『わたしに会うまでの1600キロ』の舞台は、アメリカ カリフォルニア州−オレゴン州−ワシントン州を南北に縦断する自然歩道 Pacific Crest Trail (PCT) です。シェリル・ストレイドがたどったルートの地名から、その土地の地形や、元から住んでいた人や発見した人を想像してみましょう。

Tehachapi Pass（テハチャピ峠）：Tehachapi は先住民の言葉で「険しい登山」を指し、/təhǽtʃəpi/と発音するようです。

Hat Creek Rim：creek は「小川」、rim は「縁」ですから、ハット川の川辺と考えるとわかりやすいですね。

Kennedy Meadows：meadow は「牧草地・川辺の低湿地」を指し、/médou/と発音します。

Sierra City：sierra の語源は「山脈」という意味のスペイン語です。/siérə/と発音します。

Marble Mountain Wilderness：wilderness は「原野・自然保護地域」を指し /wíldərnəs/と発音します。

Cascade-Siskiyou National Monument（シスキュー滝国定記念物）Siskiyou は /sískjuː/と発音し、語源は先住民の言葉で「尻尾が短い馬」、フランス語で「6 個の石」を指すという説があるようです。

Unit 5

Nicole Kidman

ニコール・キッドマン

Grace of Monaco

写真：imaginechina/アフロ

生涯一の難役に挑んだプリンセス

『グレース・オブ・モナコ 公妃の切り札』Grace of Monaco

映画紹介

フランス・アメリカ・ベルギー・イタリア合作の伝記映画。2014年5月に行なわれた第67回カンヌ国際映画祭でオープニング作品として上映された。オーストラリア人女優として初めてアカデミー主演女優賞を受賞した女優ニコール・キッドマン主演、『エディット・ピアフ～愛の讃歌～』で2008年(平成20年)のセザール賞などにノミネートされたオリヴィエ·ダアン監督の作品。本作品は、ハリウッド・スターからモナコ公妃となったグレース・ケリーのシンデレラストーリーの裏に隠された激動の半生を描いた伝記ドラマ。

1950年代のハリウッドを代表する人気女優グレース・ケリーは、人気絶頂の中ハリウッドを去りモナコ公国の公妃となる。その「世紀の結婚」から6年経った1962年、彼女はいまだにモナコ宮殿のしきたりになじめずにいた。ある日グレースがヒッチコックからのハリウッド復帰の誘いを受けたとき、グレースの夫レーニエは過去最大の危機に直面する。フランスのド・ゴール大統領が過酷な課税を承諾しなければ「モナコをフランス領にする」という声明を出したのだ。覚悟を決めたグレースは、自分にしかできない秘策を考え出す。外交儀礼の特訓を受けて、完璧な公妃の「役作り」に励み、ド・ゴールを含む各国の指導者を招いた「舞台」を用意。グレースが自ら書いた「脚本」そしてクライマックスとなる運命を握るスピーチ……。

インタビュー　各 *Section* の内容

英語の特徴と聞き取りのポイント

口をしっかり開けて発音していますので、聞き取りやすい英語です。録音状態が良いせいかもしれませんが、無声閉鎖音 /p, t, k/ や 破擦音 /tʃ, dʒ/、無声摩擦音 /f, θ, s, ʃ/ がマイクにしっかりと入っています。日本語母語話者はこれらの音を発音するときの息が弱すぎる傾向がありますので、シャドーイングしながら自分の声を録音して、CD と同じくらい息が出ているか確認してみましょう。

【Section 1】少し長め（3 音節）の語がどう発音されているかに注目してみましょう。

【Section 2】通常強勢が置かれない語を強調して、どんな意味を持たせようとしているのか考えてみましょう。

【Section 3】“a lot of” , “(be) going to” のようによく使われる語の発音の仕方に注目しましょう。

Nicole Kidman

ニコール・キッドマン

1967 年、ハワイ生まれ。オーストラリア出身。『ビリー・バスゲイト』(91)、『誘う女』(95)、『ムーラン・ルージュ』(01)、『アザーズ』) (01) などで多くの賞にノミネートされる。『めぐりあう時間たち』(02) では、アカデミー賞、ゴールデン・グローブ賞、英国アカデミー賞、ベルリン国際映画祭銀熊賞を獲得。最新作は、『*Before I Go to Sleep*』(14)『*Queen of the Desert*』(14) など。

→Track 22

Section 1 真似しすぎてはいけない役づくり

読みやすさレベル 5.0-5.5 | リスニングレベル 6.5 | 164 wpm | 167 語

Q: How did you approach your character? Did you do a lot of research about Grace, or did you stick to the script and work on the script?

Nicole Kidman (NK): Uh, I mean I've played, uh, people that have existed before in history, and so I- I've had ❶different approaches to ❶different things. For this particular, uh, role, there's a lot of footage, obviously, on- um, that's available to watch. Um, there's also- I can hear her voice, I can read a lot of things, so I was able to slowly- we had- I think Olivier* cast me and I had about five- five months to prepare, um, so I was able to very gently just kind of enter into her skin by watching, listening, absorbing.

But at the same time, when we talked about it, it was very ❷important that it wasn't sort of- a- that I- I didn't feel trapped by having to mimic her. And so it was more of trying to find her essence and, um, I really- it was ❸beautiful. It was a ❸beautiful experience, to exist- to live her life for, um, six months, which is what- what- what it was.

語注

particular: 特定の **footage:** 映像 **enter into...:** ～の一部になる、～に入る **absorb:** ～を吸収する **mimic:** まねる

* **Olivier:** オリヴィエ・ダアン。本作品の監督。代表作に『エディット・ピアフ～愛の讃歌～』など。

音声のここに注目！

❶【dif · ferent】
ゆっくり話すときはdif · fer · ent と3音節になりますが、ここでは強勢のある1音節目だけをはっきりさせて2音節目の母音が脱落しています。

❷【im · portant】
ゆっくり話すときは "im · por · tant" と 3 音節になりますが、ここでは強勢のある 2 音節目だけをはっきりさせて 3 音節目の母音が脱落しています。

❸【beau · tiful】
ゆっくり話すときは "beau · ti · ful" と 3 音節になりますが、ここでは強勢のある 1 音節目だけをはっきりさせて 3 音節目の母音が脱落しています。2 音節目の "t" の音が変化していることにも注目しましょう。

日本語訳

Q: 今回の役づくりはどのようになさいましたか。グレース（・ケリー）についていろいろと調べたのですか。それともシナリオに忠実に従い、シナリオに書いてあるとおりに演じたのですか。

NK: 歴史上に実在した人物はこれまでも演じたことがありますし、その時々で異なるアプローチをとってきました。今回の役のためには、言うまでもなく、手に入る記録映像がたくさんあります。それに、グレースの肉声を聞くこともできれば、（彼女について書かれた）多くの資料を読むこともできるのですから、ゆっくり時間をかけて……たしかオリヴィエ（・ダアン監督）にこの役をもらってから、およそ5カ月の準備期間がありましたから、（そういった資料を）見たり、聞いたり、吸収したりしながら、ある意味で徐々にグレースへと変身していくことができたのです。

でも、それと同時に、このこと（役づくり）について監督と話し合ったのですが、私がグレースの真似をすることにとらわれすぎてはいけない、ということが大事でした。ですから、それ（役づくり）はむしろ彼女の本質を理解しようとすることだったのです。そして、それはすばらしいことでした。グレースの人生のうちの6カ月間を生きる（演技する、疑似体験する）ことは、ひとつのすばらしい経験だったのです。そしてこの映画は、その6カ月間を描いたものなのです。

→Track 23

Section 2 女優が女優を演じて

読みやすさレベル 5.0-5.5 | リスニングレベル 6.8 | 176 wpm | 286 語

Q: Can you explain why in your mind Grace Kelly chose to go to Monaco and be a princess?

NK: I mean, there's- ❶I think she chose love, and I think many people do that in their life- in their lives. I think she- d- she was so unique in the sense that she was a major American movie star, at a very early age she won an Academy Award, and she then said, "I'm actually going to leave it all because I -I want a marriage, I want a family," and I think that that's a very strong thrust for- for many, many people, not just women.

And even though Hitchcock* didn't go to Monaco himself, he ❷did call her, he ❷did offer her money, and she ❷did wanna do it. And- um, and that for me is really interesting.

語注

in the sense that...: 〜という意味では　**thrust:** 言葉で鋭く突くこと、推進、前進

***Hitchcock:** ヒッチコック監督。グレース・ケリーはヒッチコック監督のお気に入り女優だった。

音声のここに注目!

❶【愛することを選んだ】
質問に対する答えがこの1文に集約されています。まずは "love" さえ聞き取ることができればひと安心です。

❷【did を強調して確かさを表現】
「ヒッチコックが電話をかけたことも金額を提示したことも確かだ」ということを強調するために "did" に強勢を置いて発音しています。

❸【am を強調して直前の発言を訂正】
単に「プリンスと結婚している」というだけなら "am" に強勢が置かれることはありませんが、ここでは強勢が置かれた"am"が直前の発言を修正して、ユニークさを表現する働きをしています。

日本語訳

Q: グレース・ケリーがなぜモナコに来てプリンセスとなる道を選んだのか、その理由をあなた自身の考えで説明していただけますか。

NK: つまり、彼女は愛することを選んだのだと思います。そして、多くの人が自分の人生でそうするのだと思います。彼女が非常にユニークだったのは、アメリカの映画界の大スターであり、とても若くしてアカデミー賞を受賞していながら、こう言ったことなのです。「実は、このようなことはすべてやめるつもりです。というのは、結婚したいのです。私は家庭をもちたいのです」と。そして、それは女性にとってだけでなく、多くの人にとって非常に強力な動機づけなのだと思います。

そして、ヒッチコックは実際にモナコに出かけていったわけではありませんが、確かにグレースに電話をかけ、実際に金額まで提示しており、グレース自身も確かにそうしたかったのです。私には、そこのところがとても興味深く思われるのです。

I mean, I've- I've subsequently- a- and also one of the scenes that Olivier put into the film was the, um, rehearsing with the script, and seeing- which I thought was really great because I've done that, where you go, "Oh, my gosh, do I still- can I still act? Can I still say the lines?" And "I'm- I'm terrible," I'm trying to feel it, I'm trying to understand this again, and at the same time I was reading dialog from *Marnie**, and, um, imagining Grace doing Marnie, and then imagining myself doing Marnie, and so the whole thing is a bit of a...

There's some- as Olivier says, there's so many layers to this, when an actress is playing an actress- and I have similarities in my life to some of the things that happened to Grace. I obviously did not marry a prince, so she had... [laughter] Uh, well, I ❸ am married to a prince! (Yeah, there you go!) A country prince!*

語注

subsequently: その後に、続いて　**layer:** レイヤー、層

***Marnie:** ヒッチコック監督がグレース・ケリーに出演依頼した映画のタイトル。本作品は王妃になったグレース・ケリーが『マーニー』に出演するかどうかで悩む葛藤を描いている。
***country prince:** カントリー（ミュージック）のプリンス。ニコールの現在の夫はカントリー歌手のキース・アーバン。

日本語訳

つまり、結局、私は……それにオリヴィエがこの映画に挿入したシーンのひとつも、グレースがセリフを練習している場面なのですが、その場面を見て、私がこんなことをしたんだわ、すごいなと思いました。つまり、セリフはこんな感じなのです。「まあ、どうしましょう。私、まだ演技ができるかしら。まだセリフが言えるのかしら」、それから「ああ、まったくだめだわ。この気持ちになろうとしているのに。もう一度、この気持ちをつかもうとしているのに」。そう言いながら私は同時に『マーニー』のセリフに目を通していて、グレースがマーニーを演じているのを想像していて、さらに自分がマーニーを演じているのを想像していたのですから、これは、けっこう……。

オリヴィエが言うように、これはいくつもの要素が重なり合っているのです。女優が女優を演じているのですから。それに、私の人生にも、グレースに起きたことと似たようなことがいくつかありました。もちろん、私はプリンスと結婚したわけじゃありませんから……（笑い）ええ。そうね、私はプリンスと結婚しているのね。（そう、そう！）カントリー（ミュージック）のプリンスとですけれど。

→Track 24

Section 3 グレース・ケリーと言えば ヒッチコック監督

読みやすさレベル 5.0-5.5 リスニングレベル 6.0 161 wpm 224語

Q: What is your favorite Grace Kelly movie? And how did you study footage about her?

NK: Um, well, I watched- prior to, um, doing the- the film, I'd- I'd seen all of, um, the Hitchcock films – um, I actually hadn't seen *The Country Girl**, so I saw that, um – but my favorite performance for Grace is- is in *Rear Window**. That's my favorite Hitchcock movie as well, so, um, and I've- I've studied, um, ❶a lot of footage, uh, on her because there was ❶a lot of footage available, obviously, through the years, and some of the most fascinating was actually the- before she came here, when she knew she was ❷going to get married to Rainier*, and she does sort of a press conference where she's standing and there's people surrounding, and she's asked questions about the nationality of her children, and citizenship, and all of those things, and I was- found that really fascinating.

語注

press conference: 記者会見　**nationality:** 国籍　**citizenship:** 市民権

* **The Country Girl:** アメリカのドラマ映画。邦題は『喝采』。
* **Rear Window:** アメリカ映画。邦題は『裏窓』。
* **Rainier:** モナコ大公レーニエ３世。グレース・ケリーの夫。

音声のここに注目！

❶【a lot of】
“lot” の語末 /t/ と “of” の語頭 /ə/ が連結し、さらに /t/ が /ɾ/ に変化しているので、「アロロ」のように聞こえます。

❷【going to】
“going to” の語末と “to”の語頭が変化して“gonna”と発音されています。

❸【The Palme d'Or】
カンヌ国際映画祭で最高賞受賞作品が発表されるときの会場でのアナウンスの口真似をしています。

日本語訳

Q: あなたの好きなグレース・ケリーの映画は何ですか。それから、彼女についての記録映像をどのように研究したのですか。

NK: この映画を撮る前に、ヒッチコックの映画はすべて見ていたのですが、実は『喝采』はまだ見ていなかったので、それを見ました。でも、グレースの演技でいちばん好きなのは『裏窓』です。これは私の好きなヒッチコックの映画でもあります。それからグレースについての記録映像もたくさん研究しました。当然ながら、何年にもわたるものが、たくさん手に入ったからです。それから、非常に面白いと思ったのは、実は……彼女がこちらに来る前に、自分が（モナコ大公）レーニエと結婚するともうわかっているときに、インタビューに応じているのですが、そのとき人々に取り囲まれて立ち、生まれてくる子どもの国籍や市民権などといったことを質問されているのです。そのようすに私はとても心を動かされました。

Q: 2012 *Paper Boy**, 2013 the jury, 2014 *Grace of Monaco*… what is it that you love so desperately about Cannes* that you can't stay away from it? Plus, the question, if you were still in the jury which prize of the festival would you give your own movie? And why, of course.

NK: Um, I- I love Cannes, I've had a- I've- I've spent over a decade coming here now, and so ❶a lot of my, um, career has been mapped by this festival, uh, but three years in a row is amazing. I have to say I- on the jury last year was the- the- one of the best sort of couple of weeks in my life, and, um, I remember it so, so fondly. What would I give this movie? Come on! ❸The Palme d'Or*! [laughter]

語注

jury: 審査員　**desperately:** ひどく、必死に　**prize:** 賞、順位　**over a decade:** 10年間で（にわたって）　**map:** 位置づける　**in a row:** 続けざまに、連続して　**fondly:** 懐かしく

***Paper Boy:** ニコール・キッドマンが出演しているアメリカ映画。邦題は『ペーパーボーイ　真夏の引力』。
***Cannes:** カンヌ国際映画祭。本インタビューはカンヌ国際映画祭の記者会見を収録したもの。
***The Palme d'Or:** カンヌ国際映画祭における最高賞。

日本語訳

Q: 2012年には映画『ペーパーボーイ 真夏の引力』(の主演女優として)、2013年には審査員(として)、2014年は『グレース・オブ・モナコ 公妃の切り札』(の主演女優として)……カンヌ映画祭の何がそんなに気に入って、いつもカンヌにいらっしゃるのですか。それと、もしご自分が今回も審査員だったら、この映画祭のどの賞をご自分の映画に与えたいと思いますか。そして、もちろん、その理由も(教えてください)。

NK: カンヌ映画祭は大好きなんです。ここに来るようになってもう10年以上たちます。ですから私の経歴の大部分がこの映画祭によって位置づけられてきたのですが、3年連続というのは信じられないです。昨年、審査員を務めたのは、これまでの人生で最高の2週間だったと言えるでしょうし、とてもいい思い出です。この映画にどの賞を与えるかですって？　わかっているでしょう、パルム・ドールよ。(笑)

→Track 25

書き取り Exercise!

ここでは、言いよどみがあまりなくきれいに発音している部分を、各 Section からピックアップしています。音声を聞き、書き取ってみましょう。また声に出して自分でも言ってみましょう。

Section 1

so I was ___ to very _____ just kind of ____ into her ___ by ________, ________, _________.

（そういった資料を）見たり、聞いたり、吸収したりしながら、ある意味で徐々にグレースへと変身していくことができたのです。

Section 2

And even though Hitchcock _____ __ to _______ himself, he ___ ___ her, he did ____ her ______, and she did wanna do it.

そして、ヒッチコックは実際にモナコに出かけていったわけではありませんが、確かにグレースに電話をかけ、実際に金額まで提示しており、グレース自身も確かにそうしたかったのです。

Section 3

I've ______, um, a lot of ______, uh, on her because there was a lot of ______ _______, obviously, _______ the ____,

グレースについての記録映像もたくさん研究しました。当然ながら、何年にもわたるものが、たくさん手に入ったからです。

→Track 26

聞き取り Power up!

ここでは、早口だったり音声変化が起こっていたり、聞き取りにくい部分を各Section からピックアップしています。音声を聞き、書き取ってみましょう。

Section 1

I think Olivier ___ me and I had about five- five ______ to ______,

オリヴィエ(・ダアン監督)にこの役をもらってから、およそ5カ月の準備期間がありましたから

Section 2

I'm _______ going to _____ it all because I -I ____ a _______, I ____ a _____,

実は、このようなことはすべてやめるつもりです。というのは、結婚したいのです。私は家庭をもちたいのです。

Section 3

and she's _____ ________ about the _________ of her _______, and _________, and all of those things, and I was- _____ that really _________

生まれてくる子どもの国籍や市民権などといったことを質問されているのです。そのようすに私はとても心を動かされました。

column ⑤

発音トレーニングを扱った映画

『グレース・オブ・モナコ』では、モナコ公妃となったグレース・ケリーが、外交儀礼のレッスンを受ける中で、フランス語の "r" の発音の仕方を指摘される場面があります。このことは、社会に大きな影響力を持つ立場の人は、話の内容だけでなく発音にも気をつけなければならないと考えられていることを示しています。

以下では、英語の発音のトレーニングのシーンが扱われている歴代の映画を３つ紹介します。

『マイ・フェア・レディ』*My Fair Lady*

下品だと見なされるコックニー話者のイライザが発音レッスンを受けて、一流の淑女へ変わっていく様子を描いています。

『英国王のスピーチ』*The King's Speech*

吃音に悩まされたイギリス王ジョージ６世が言語療法士による治療を受け、演説に挑む姿が描かれています。

『マーガレット・サッチャー 鉄の女の涙』*The Iron Lady*

スピーチの説得力を増すためにサッチャー氏がボイストレーニングを受け、声のトーンを修正するシーンが登場します。

Unit 6

The Revenant

Leonardo DiCaprio
レオナルド・ディカプリオ

写真：Jordan Strauss/Invision/AP/アフロ

大自然の脅威と闘うハンターの真実の物語

『レヴェナント：蘇えりし者』
The Revenant

映画紹介

2016年アカデミー賞3部門（監督賞 アレハンドロ・ゴンサレス・イニャリトゥ、主演男優賞 レオナルド・ディカプリオ、撮影賞 エマニュエル・ルベツキ）を獲得したアメリカ合衆国のウエスタン伝記映画。作家マイケル・パンクの小説『蘇った亡霊：ある復讐の物語』(*The Revenant: A Novel of Revenge*) が原作。アメリカの西部開拓時代に実在した罠猟師ヒュー・グラスの半生と、彼が体験した過酷なサバイバルの旅を描いている。本作品ではアカデミー賞主演男優賞に4回目のノミネートとなり、悲願の受賞となったレオナルド・ディカプリオ渾身の演技に注目が集まる。

舞台は19世紀アメリカの広大な未開拓の荒野。狩猟中に熊に喉を裂かれ瀕死重傷を負ったハンターのヒュー・グラス（レオナルド・ディカプリオ）は、狩猟チームメンバーのひとり、ジョン・フィッツジェラルド（トム・ハーディ）に見捨てられ置き去りにされてしまうばかりか、愛する息子を殺されてしまう。「生きる」という純然たる意志だけを武器に、グラスは大自然の脅威のなか、厳しい冬の寒さに耐え、フィッツジェラルドに復讐を果たすため、約300キロの容赦ない旅を続けなければならない……。彼は、生き延びることができるのか……。仲間の裏切りで最愛の息子の命を奪われた男ヒュー・グラス。激しい怒りを力に変え、復讐の執念のみを武器にサバイバルの旅が始まる。

インタビュー　各 *Section* の内容

英語の特徴と聞き取りのポイント

トーク中でも触れているように、アメリカ西海岸の英語発音です。アカデミー賞授賞式直後でホッとしたときに、バックステージで収録されたインタビューだからでしょうか、インタビュアーの質問と返答の内容に多少ずれがある部分も見られます。

【Section 1】Elisions（省略形）に注目しましょう。2016 年から変更された新 TOEIC の出題形式にも登場する日常会話でよく使われる形です。

【Section 2】対比をするために強く発音されている語や、語の強勢の位置に注目しましょう。

【Section 3】「ア」と聞こえがちな 3 種類の母音に注目しましょう。

レオナルド・ディカプリオ

1974 年、アメリカ、カリフォルニア州出身。14 歳のときにテレビコマーシャル出演でデビュー。『ギルバート・グレイプ』（93）では 19 歳でアカデミー助演男優賞にノミネートされた。その後、『タイタニック』（97）で一躍世界的スターとなり、以降多数の有名作品に出演している。本作『レヴェナント：蘇えりし者』でディカプリオは 5 度目のノミネートにして初のアカデミー賞主演男優賞受賞を果たした。

➔Track 27

Section 1 オスカー像はどこに置く？

読みやすさレベル 4.5-5.0 | リスニングレベル 6.2 | 169 wpm | 110語

Q: First of all, congratulations, well deserved. Um, so I would like to know, where are you ❶gonna put that Oscar? Yeah, a very easy question. And for you, that's second Oscar?

Leonardo DiCaprio (LD): Yeah, you've ❷gotta ask, he's ❷gotta ask, where is he ❶gonna put his second Oscar? Is it ❶gonna be next to the first?

Alejandro G. Iñárritu* (AI): I will be [places Oscar on head] all day.

LD: No. It's- it's incredible that two outsiders like, like- like Chivo* and Alejandro that came from Mexico, came to our industry, were firm in their beliefs artistically, and here we have a two-time winner at the Academy Awards and Chivo a three time winner. I am so proud to be working with these guys. These guys represent everything about what this industry is and what it should be. I'm-I'm, I just ❸wanna congratulate you guys. It's awesome.

語注

incredible: 驚くべき、非常な　**outsider:** 部外者（ここでは「他国の人」の意味で使われている）
firm in one's belief: 意志がかたい　**artistically:** 芸術的に　**represent:** 象徴する、代表する
congratulate: 祝う　**awesome:** すばらしい

***Alejandro G. Iñárritu:** アレハンドロ・イニャリトゥ。本作『レヴェナント：蘇えりし者』の監督で、アカデミー賞監督賞を二年連続受賞。
***Chivo:** Emmanuel Lubezki。エマニュエル・ルベツキのニックネーム。メキシコ出身の監督。本作の撮影監督で３年度連続してアカデミー賞撮影賞の受賞を果たした。

音声のここに注目!

❶【be gonna】

“be going to...” の省略形です。省略せずに表記するなら、“Where are you (is he) going to put... ?”、“Is it going to be... ?” となります。

❷【have / has gotta】

“have / has got to...” の省略形です。省略せずに表記するなら“you have got to ask...”、 “he has got to ask...” となります。

❸【wanna】

“want to...” の省略形です。省略せずに表記するなら“I just want to congratulate...” となります。

日本語訳

Q: まず、最初におめでとうございます。当然の受賞ですね。[ディカプリオに]そのオスカーはどこに置くつもりですか。ええ、とても簡単な質問です。[監督に]そして、あなたにとって、そのふたつ目のオスカーは……?

LD: それを尋ねるなら、そのふたつ目のオスカーをどこに置くつもりかと尋ねるべきですね。最初のオスカーの隣に置くことになるのかな?

AI: ここに[オスカーを自分の頭の上に置いて]1日中置いておくつもりだよ。[会場:笑い]

LD: それにしても、チボとアレハンドロのようなふたりのアウトサイダーがメキシコからハリウッドに来て、芸術的に強い信念を貫き、今、ここに、アカデミー賞授賞式で二度目の受賞者(監督賞を受賞したアレハンドロ監督)と、三年連続受賞を果たしたチボを迎えているのはすばらしいことです。このふたりといっしょに仕事ができることを私は誇りに思っています。ふたりは、ハリウッドとは何かを、そして、そのあるべき姿を代表しているのです。私はふたりを祝福したい気持ちでいっぱいです。まったく見事なものです。

→Track 28

Section 2 このような映画を描くのは4歳の頃からの夢だった

読みやすさレベル 5.5-6.0 | リスニングレベル 6.8 | 172 wpm | 170語

Q: What do you love about being a storyteller?

LD: Look, I-I-I grew up in East ❶Los Angeles. I was very close to the Hollywood studio system. But I felt detached from it my whole life. And to have had parents that have allowed me to be a part of this industry, to take me on auditions every day after school, and to- and to tell stories like this is- has been my dream ever since I was-I-I was 4 years old. And, uh, this film to me was, uh, exemplary in the sense that I got to work with the director. And all the things we spoke off- uh spoke about ❷off camera during the making of this movie ❸transferred their way ❷on screen. Uh, this was true storytelling. W-we- we really got to have, uh, a collaborative experience together, and this was a journey that I'll- that I'll never forget with Alejandro. It was, it took up, s- you know, such a large portion of our lives. But as a result, we have a-a great film to look back on f-for-for years to come.

語注

detach from: ～離れる、～切り離される **allow:** 許す、可能にする **exemplary:** 代表的な、模範的な **off camera:** カメラからはずれて、カメラが回っていないときに **transfer:** 移す、転送する **storytelling:** 物語を話すこと、読み聞かせ **collaborative:** 協同的な、協力的な **take up:** ～（時間）を取る、消費する **portion:** 部分 **look back:** 振り返る

音声のここに注目!

❶【強勢の位置】
“Los Angeles”は /lɔːsǽn(d)ʒ(ə)ləs/ というように “A”の部分に強勢を置いて発音します。また、/lɔsǽn(d)ʒəlìːz/のように “les”の部分を「リーズ」のように伸ばして発音する人もいます。

❷【対比の強勢】
「カメラが“off” のときに話したことはすべてスクリーン上に“on” された」ということですから、“off” と “on” が強く発音されています。

❸【強勢の位置】
“transfer”は動詞のときには/trænsfə́ːr/のように最後の音節、名詞のときには/trǽnsfəːr/のように最初の音節に強勢が置かれます。

日本語訳

Q: ストーリーテラーであることのどういったところが気に入っていますか。

LD: 私はイーストロサンゼルスで育ったので、ハリウッドのスタジオはとても近いところにあったのです。でも、これまでずっと距離を感じていたのですが、この業界に入るのを許してくれ、学校が終わると毎日のようにオーディションを受けに連れていってくれた親を持つ私にとって、この（映画の）ような話を物語ることは、4歳のときからの夢だったのです。それに、この映画は私にとって、監督と（意見を出し合いながら）仕事をしなければならなかったという意味において手本となるべきものでしたし、この映画制作の過程で、カメラを回していないときに話したことはすべてスクリーン上に投影されているのです。これはまさにストーリーテリングだったのです。私たちはほんとうに全員がいっしょになって共同体験をする必要があったのです。そして、これは私がアレハンドロ監督といっしょに歩いた、決して忘れることのできないひとつの旅だったのです。そのために私的な時間をかなりとられましたが、結果として、このあと何年も回想することのできるすばらしい映画ができたのです。

→Track 29

Section 3 地球環境の危機について もっと知ってほしい

読みやすさレベル 6.0-6.5 | リスニングレベル 6.8 | 173 wpm | 278 語

Q: Everyone was cheering in the room here when you won. How was the atmosphere in the room at the ceremony? How does it feel now that it's a reality and what would you remember as the biggest challenge of this film?

LD: Um, I-I felt very ❶ honored, quite ❷ frankly. It was, it was, uh... It was- it's- this whole thing has been an amazing experience. And, you know, for me to be able to sit there and- and ❶ not only talk about the film, but to talk about ❸ something that I've been duly as obsessed with besides cinema, and that's, you know, our environment and climate change. To be able to speak about that in a ❷ platform of, I don't know, ❸ hundreds of millions of people that are ❶ watching this, to me this, like I said, this is the most existential crisis our- our civilization has ever known and I-and I ❶ wanted to speak out about that tonight because, simultaneously while doing this brilliant film that Alejandro directed, I've been doing a fil-a documentary about climate change which has brought me to, uh, to- to Greenland, to China, to India and speak with the world's leading experts on this issue.

語注

ceremony: 式典、パーティ（今回の場合はアカデミー賞の授賞式） **honored:** 光栄に思って **frankly:** 率直に言って **duly:** 正当に、十分に **be obsessed with... :** ～で頭がいっぱいになる、～に夢中になる **climate change:** 気候変動 **existential:** 存在に関わる、実存（主義）の **crisis:** 危機、重大局面

音声のここに注目!

❶【/ɑ/】
"honored", "not", "watching", "wanted", "clock"の下線部はアメリカ英語では/ɑ/、イギリス英語では/ɔ/と発音されます。

❷【/æ/】
"frankly", "platform", "act", "gratitude", "happened"の下線部は口を横に広げて発音する/æ/という音です。

❸【/ʌ/】
"something", "hundreds", "upcoming"の下線部は口を大きく広げずに鋭く発音する/ʌ/という音です。

日本語訳

Q: あなたがオスカーを手にしたとき、この部屋ではみんな歓声を上げていたのですが、授賞式の会場の雰囲気はどんなものでしたか。これ(アカデミー主演男優賞を受賞すること)がついに実現した今、どんな気持ちですか。また、この映画の(制作)中でいちばんチャレンジしがいのあったこととして覚えているのは何ですか。

LD: 率直に言って、とても光栄に思いました。今回のことは、すべてがすばらしい経験でした。それに、私にとって、あの会場で席につき、映画のことだけでなく、映画以外に私がかなりのめり込んでいること、つまり地球環境と気候変動について、世界中の人たちが見ている場所で話ができたのは、すばらしいことでした。これ(気候変動)は、すでに言ったように、人類の文明が初めて経験する最も存在にかかわる危機であり、そのことを今夜、私は声を上げて言いたかったのです。というのは、アレハンドロ監督によるこの壮大な映画の仕事をするのと同時に、私は気候変動についてのドキュメンタリーを作っていたのですが、そのためにグリーンランドや中国やインドに行き、この問題にかかわっている世界の一流の専門家たちと話をしてきたのです。

And the time is now. It's imperative that we ❷act. And I-I really ❶wanted uh- tonight I- I'm- I feel so overwhelmed with, uh you know, ❷gratitude for what ❷happened tonight. But I- I- I feel there is a ticking clock out there. There's a sense of urgency that we all must do something proactive about this issue.

And certainly with this ❸upcoming election, the truth is this: If you do ❶not believe in uh- climate change, you do ❶not believe in modern science or empirical truths and you will be on the wrong side of history. And we need to all join together and vote for leaders who care about the future of this civilization and the world as we know it.

語注

imperative: 必須で、どうしても **overwhelmed with... :** 〜で圧倒される、（ここでは）胸がいっぱいになる **gratitude:** 感謝、謝意 **proactive:** 率先した、何とか早く **empirical:** 経験上の、実証されている

日本語訳

そして、もうときは来ているのです。私たちはどうしても行動を起こさなければならないのです。今夜、私はほんとうに……今夜、(私の身に) 起きたことへの感謝の念で胸がいっぱいです。しかし、もうどこかで時計が最後の時を刻んでいるような気がします。この問題のことで何か早く手を打たなくてはという差し迫った思いが私たちにはみなあります。

そして、来るべき選挙のときももちろんそうですが、本当のところはこうなのです。気候変動の事実を信じない人たちは近代科学や実証されている真実を信じないのであり、歴史の間違った側にいることになるでしょう。ですから、私たちはみな一丸となって、この文明と今ある世界の未来を大事にしてくれるリーダーに投票する必要があるのです。

→Track 30

書き取り Exercise!

ここでは、なるべく言いよどみがなくきれいに発音している部分を各 Section からピックアップしています。音声を聞き、書き取ってみましょう。また声に出して自分でも言ってみましょう。

Section 1

and here we have a two-time ______ at the ________ ______ and Chivo a ____ time winner. I am so _____ to be _______with these ____.

今、ここに、アカデミー賞授賞式で二度目の受賞者と、三年連続受賞を果たしたチボを迎えているのはすばらしいことです。このふたりといっしょに仕事ができることを私は誇りに思っています。

Section 2

Look, I-I-I ____ up in East ___ _______. I was very ____ to the _________ studio system. But I felt _______ from it my _____ ___.

私はイーストロサンゼルスで育ったので、ハリウッドのスタジオはとても近いところにあったのです。でも、これまでずっと距離を感じていました。

Section 3

If you do ___ ______ in uh- ______ ______, you do ___ believe in ______ ______ or ________ _____ and you will be on the _____ side of history.

気候変動の事実を信じない人たちは近代科学や実証されている真実を信じないのであり、歴史の間違った側にいることになるでしょう。

→Track 31

聞き取り Power up!

ここでは、早口だったり音声変化が起こっていたり、聞き取りにくい部分を各 Section からピックアップしています。音声を聞き、書き取ってみましょう。

Section 1

he's gotta ___, _____ is he gonna ___ his ______ _____?

それを尋ねるなら、そのふたつ目のオスカーをどこに置くつもりかと尋ねるべきですね。

Section 2

W-we- we really got to have, uh, a __________ _________ _______, and this was a ______ that I'll- that I'll _____ _____ with Alejandro.

私たちはほんとうに全員がいっしょになって共同体験をする必要があったのです。そして、これは私がアレハンドロ監督といっしょに歩いた、決して忘れることのできないひとつの旅だったのです。

Section 3

______________ while doing this _______ ____ that Alejandro ______, I've been doing a fil-a __________ about ______ ______

アレハンドロ監督によるこの壮大な映画の仕事をするのと同時に、私は気候変動についてのドキュメンタリーを作っていたのですが、

column ⑥

アメリカの州名と先住民族のことば

『レヴェナント：蘇えりし者』と同時にYoutubeで公開されたドキュメンタリー *A World Unseen* を観ると、白人がいかに勝手な理屈で先住民族を追い詰めてきたのかを痛感させられます。その土地で昔から生活していた真のネイティブは先住民族であるということは "Native American" という語自体が明示していますが、地名の語源を考えてみると、その土地が先住民族のものであったことを実感することができるはずです。アメリカ先住民族のことばが語源となった州名のうち、ここでは「水」に関係あるものを取り上げてみました。

Arizona /**æ̀rɪzóunə**/「小さい泉」

Michigan /**míʃɪg(ə)n**/「大きな湖」

Minnesota /**mìnɪsóutə**/「空色の川」

Nebraska /**nəbrǽskə**/「浅い川」

Mississippi /**mìsɪsípi**/「大きな川」

Ohio /**ouháɪou**/「大きな川」

Wyoming /**waɪóumɪŋ**/「大きな川底」

Connecticut /**kənétɪkət**/「長い川」

Unit 7

George Clooney & Cate Blanchett

ジョージ・クルーニー

ケイト・ブランシェット

The Monuments Men

写真：Startraks/アフロ

ナチスに奪われた世紀の美術品を奪還せよ!

『ミケランジェロ・プロジェクト』

The Monuments Men

映画紹介

2014年、ジョージ・クルーニー監督・脚本・製作・出演によるアメリカのドラマ映画。第2次世界大戦末期を背景に、ナチスドイツに奪われた美術品を取り戻す命令を下された者たちの実話を映画化したサスペンス。マット・デイモン、ビル・マーレイ、ジョン・グッドマン、ジャン・デュジャルダン、ケイト・ブランシェットら豪華キャストが出演。

総統アドルフ・ヒトラーの命を受け、ドイツ軍は侵攻した欧州各国の美術品を略奪。これに危機感を募らせたアメリカのハーバード大学付属美術館館長ストークスは、大統領ルーズベルトに直談判、ナチスに奪われた美術品の奪還作戦を認めさせる。そのナチス・ドイツに略奪された人類遺産を取り戻す最難関のミッションに挑んだ男たちのストーリー。戦争においてはド素人の、芸術家、歴史学者、建築家など7人で構成された“モニュメンツ・メン”。体力もない中年男たちが、戦地の最前線に駆り出され、若さ溢れる新兵に負けまいと奮闘する姿からは、それぞれの生き様や芸術に対する愛が垣間見られる。さらに、文化を後世に残したいという想いで結ばれた彼らのチームワーク、困難な状況にも屈することなく立ち向かう熱い姿は、史実であるがゆえに誠実にリアリティをもって描かれている。

インタビュー　各 Section の内容

英語の特徴と聞き取りのポイント

Section 1, 2 では、この映画制作についてクルーニー監督が真剣な様子で語っていますが、Section 3 では「いじられ役」になりやすいマット・デイモンの話題で笑いを誘っています。

【Section 1】発話の主導権がまだ相手に移っていないということを示すポーズの置き方やイントネーションに注目しましょう。

【Section 2】連結・脱落・同化が起こっている部分に注目しましょう。

【Section 3】これまでに演じた役柄を意識しているのか、フランス語由来の語やイタリア語由来の語が飛び出します。

ジョージ・クルーニー
George Clooney

1961年、アメリカ・ケンタッキー州出身。TVドラマ「ER 緊急救命室」(94～) のドクター役で人気を博しトップスターへ。最近では、アカデミー賞7部門受賞の大ヒット作『ゼロ・グラビティ』(13)、ディズニー作品『トゥモローランド』(15) など数多くの話題作に出演、『ミケランジェロ・プロジェクト』のように何作かで監督も務めている。

アメリカ、ケンタッキー州出身です。話し始めと話し終わりに、質問に対する直接的な答えを短くまとめ、インタビュー全体のリズムを作り出しています。

ケイト・ブランシェット
Cate Blanchett

1969年、オーストラリア、ビクトリア州出身。「アビエイター」(04) では、アカデミー賞助演女優賞を獲得。「エリザベス：ゴールデン・エイジ」と「アイム・ノット・ゼア」ではそれぞれ主演・助演でオスカーWノミネートという快挙を遂げる。そして、ウディ・アレン監督作「ブルージャスミン」(13) でアカデミー賞主演女優賞に輝く。

ケイト・ブランシェット自身はオーストラリア出身ですが、これまでに、世界のさまざまな英語アクセントで役柄を演じています。自分の本来のアクセントがわからなくなりオーストラリア人を演じるときに困ったという逸話も残されています。『ミケランジェロ・プロジェクト』ではフランス人女性を演じています。

→Track 32

Section 1 重いテーマを楽しめる映画に

読みやすさレベル 4.5-5.0 リスニングレベル 6.9 200 wpm 120 語

Q: The movie deals with heavy subject matter, but it does so in a light, fun and whimsical way. Was there a desire from the beginning to make this story appropriate for a broader age audience?

George Clooney (GC): Yes.You know, we ❶ wanted to make a- ❷ an entertaining film. We liked the story. We were / not all that familiar with the- the actual story, which is rare for a World War II film. → ❸ Uh, usually you think you know all the stories. → ❸ And we ❶ wanted it to be accessible. We liked—I like all those sort of John Sturges* films ↑ ❸.

You know, we liked—even the tho- we thought of it as sort of a mix between *Kelly's Heroes** and The Train*, and, uh, we w- we ❶ wanted to make it —we ❶ wanted to talk about a very serious subject that's ongoing still. And we also ❶ wanted to make it entertaining. So, yeah. That was- that was the goal.

語注

whimsical: 気まぐれな、風変わりな **broader:** より幅広い **actual:** 実際の **rare:** 珍しい、めったにない **accessible:** とっつきやすい、身近な **ongoing:** 現在進行中の

***John Sturges:** ジョン・スタージェス。アメリカの映画監督。代表作は『荒野の七人』、『大脱走』。第二次世界大戦中にドキュメンタリー作品を多数制作。アクション映画で有名。

***Kelly's Heroes:** 『戦略大作戦』1970 年の映画。第二次世界大戦のヨーロッパ戦線が舞台。

***The Train:** 『大列車作戦』1964 年の映画。第二次大戦で追いつめられた末に美術品を略奪し列車で運び出そうとするナチスの暴挙を阻止すべくレジスタンスたちと共に奮闘する列車運転手の活躍を描いた戦争ドラマ。

音声のここに注目！

❶【wantedの発音】
“wanted”の “t”の部分が直前の /n/ の影響を受けて「ウァンネット」のように聞こえます。このような現象は「同化」と呼ばれます。

❷【ピリオドとポーズの位置が一致しないケース】
インタビューでは、自分の話が終わる前に他の人が話し始めてしまうことを避けるため、意味上の切れ目にポーズを置かないケースが多くなるようです。

❸【話が続くことを示すイントネーション】
朗読やスピーチなどあらかじめ準備された文では普通、文の切れ目は下降調になりますが、下降させずに発音すると、話がまだ続くことを示すことができます。

日本語訳

Q: この映画は重いテーマを扱っていますが、軽く、楽しく、ひねりを交えて描かれていますね。最初から、この物語をできるだけ幅広い年代層の観客に受けるようにしたいという気持ちがあったのでしょうか。

GC: そうです。私たちは楽しんでもらえる映画を作りたかったのです。この物語が私たちは気に入ったのですが、実際の話はそれほど知らなかったのです。この話は第二次世界大戦の映画の題材としては珍しいですからね。一般に、（第二次世界大戦の）話はどれも知っているとみんな思っています。さらに、私たちはこの話を理解しやすいものにしたかったのです。

私たちは——私はジョン・スタージェス（監督）の作ったような映画はみな好きです。それで、今回の映画はだいたい『戦略大作戦』と『大列車作戦』を織り交ぜたようなものとして考え、今もまだ解決されていない非常に重大な問題について語りたかったのです。そして同時に、楽しめるものにしたかったのです。ですから、ええ、それが（この映画の）目標でした。

→Track 33

Section 2 この映画に描かれていることはほとんど真実

読みやすさレベル 5.0-5.5 リスニングレベル 7.7 207 wpm 279 語

Q: This is a very entertaining film about a very serious subject matter. People seem to get very excited about gold. Was it your intention to criticize the state of the capitalism right now?

GC: I wasn't really making ❶much of a ❸statement on ❸capitalism. Um, the- that's a—you know, the funny thing is, i- it's based on a true story, and obviously we made some things up along the way, but ❶most of it's true. And in fact, that… you know, they- they were ❸part of the group that ❸went into ❷that mine and found… You- you actually see the ❸photograph at the end of the credits. They found all of the- the German gold, basically ❶all of it, effectively ending their ❸ability to purchase oil and to prosecute the war. You know, so,

語注

intention: 意図　**criticize:** 批評する、批判する　**capitalism:** 資本主義　**statement:** ステートメント、意見　**make ~ up:** ～を作り上げる　**mine:** 鉱山、採掘場　**credit:** （映画の）クレジット　**effectively:** 効果的に、実用的には　**prosecute:** ～を遂行する

音声のここに注目!

❶【連結】
"much_of_a"、"most_of_it' s"、"all_of_it"、"eating_on top_of_it" のように、子音で終わる語と母音で始まる語がつながって聞こえます。

❷【脱落】
"tha(t) mine_an(d) foun(d)"、 "Gran(t) an(d) I ten(d) to"のように、"t"や"d"で終わる語の語末の音が聞こえなくなっています。

❸【同化】
前後の音の影響を受けて /t/ が /d/ /n/ /ɾ/ の音に聞こえます。/ɾ/ は日本語の「ラ行」に似た音です。

日本語訳

Q: これはとても深刻なテーマを扱った、非常に楽しめる映画ですね。人は金（きん）のこととなると血眼になるようですが、今あるような資本主義を批判するのがあなたの狙いだったのですか。

GC: 私は別に資本主義について何か意見を主張するようなことはしていません。というのは、面白いことに、この映画は実話に基づいていて、もちろん、途中で（映画制作の過程で）ある程度の創作はしましたが、ほとんどのことは真実なのです。それに、実際に彼らはあの岩塩抗に入っていき、（美術品を）発見したチームのメンバーで……（映画の最後に流される）クレジットの最後にその写真を実際に見ていただけますが、彼らはドイツ軍の金塊のすべてを、そのほぼすべてを見つけ出し、ドイツ軍が燃料を買い、戦争を続けていく能力に事実上、終止符を打ってくれたのです。

um, it- it's a… there were a ❸lot of these pieces that were, you know, ❸that are true. The things ❸that are odd, like going to the ❸dentist and then ending up finding the ❸paintings at this guy's house, actually happened. It was a guy named Bunges. And, uh, uh, the flipping over the ❸painting, uh, because, you know, they were ❶eating on top of it and the thing—that was actually true.

So all of—some of the wildest parts of the film were true. But I wasn't trying to—I wasn't really looking to make a statement on things. We just ❸wanted— you know, ❷Grant* and I tend to make films ❸that are somewhat cynical at times, and we kind- and we sat down specifically saying, let's not do that for once. Let's do one that doesn't have any of ❸that in it, that has a, ❸sort of a real positive outlook at things. And we— that's what we sought to do with this. You know, so it wasn't really trying ❸to make the capitalism story.

語注

odd: 普通でない、おかしな　**flip over:** サッとひっくり返る、ひっくり返す　**tend to:** ～する傾向がある、～しがちである　**cynical:** ひねくれた、皮肉な　**specifically:** 具体的に、明確に

***Grant:** グラント・ヘスロブ。本作の脚本家。

日本語訳

こうした実話に基づくエピソードが（この映画の中には）随所に盛り込まれているのです。歯医者に行ったことがきっかけで、あの男の家で絵画を何点も見つけることになったというような意外な出来事も実際にあったのです。それはブンジェスという名の男でした。絵画が裏返しにしてあったということも——というのは、彼らはその上で食事をしていたのですから——あれも確かに事実だったのです。

そういうわけで、この映画のとんでもない場面のいくつかは実際にあったことなのです。しかし、私は物事について何か主張しようとしていたわけではまったくありません。単に私たちは——グラントと私は、ときにややシニカルな映画を作る傾向があるので、ふたりでじっくりと話し合って、今回に限ってはそうしないことにしようとはっきりと言ったのです。そういった（シニカルな）ことのまったく入っていない、そして物事を本当に前向きにとらえた映画を作ろうとね。それが、私たちがこの映画で追求したことなのです。ですから、資本主義の話を作ろうとしたのではまったくないのです。

→Track 34

Section 3 ビル・マーレイと撮影できると思っていたのに

読みやすさレベル 6.0-6.5 | リスニングレベル 5.5 | 176 wpm | 299 語

Q: I thought you would be working with all the guys in the movie, but watching the movie last night, your scenes were mostly with Matt Damon.

Cate Blanchett (CB): I know. Can you imagine my disappointment?

Q: Did you want to, like, expand your role, your part, and then work with them?

CB: I thought I was going to be working with Bill Murray, which is what... [Sorry.] Yeah. No, um, well, um, look, In- I'm deliriously happy about the first bit and was deliriously happy about this—interesting, what Bill was saying, because I felt like in a way, George, as we all know, is such an incredible ❶ raconteur, and I think that that carries across into the way he makes films and also the way he, he tells stories about what's going on in the rest of the world, you know, in, you know, the other part of his life. Um, and in a way, this film is a ❷ synthesis of those things.

語注

deliriously happy：このうえなく幸せ、このうえない喜びを感じる　**raconteur:** ［フランス語］話し上手な人、話し上手　**synthesis:** 合成、統合

音声のここに注目!

❶【raconteur】
「話し上手な人」を指す、フランス語由来の語です。フランス人女性を演じた直後の会見にふさわしい表現ですね。

❷【synthesis の発音】
日本語母語話者には区別しにくい /s/ と /θ/ がたくさん入っているので聞き取りにくい語かもしれません。発音記号で示すと /sínθəsɪs/ となります。

❸【Mamma mia】
「なんともはや」のような意味を持つ、イタリア語由来の語です。前回マット・デイモンと共演したのがイタリアだったことに関連付けているのかもしれません。

日本語訳

Q: この映画の中であなたはすべての男優を相手に演技をするのだろうと思ったのですが、あなたが登場する場面はほとんどマット・デイモンだけが相手でしたね。

CB: ええ。私がどんなにがっかりしたかわかりますか。

Q: ご自分の配役や出演場面を広げて、他の人たちと演技をしたいとは思いませんでしたか。

CB: 私はビル・マーレイといっしょに演じることになるのだと思ったのです。[クルーニー:悪かったね!] ええ。まあ、でも、最初に言っていただいたことではとても喜んでいますし、ビルの言っていたこともとても嬉しかったです。というのは、ジョージ(・クルーニー監督)は、ご存知のように、すばらしく話し上手な人だと思ったからで、そのことが彼の映画制作の手法、そして世界のその他の地域や彼自身の人生とは別の場面で今も起きていることを物語る姿勢に反映されているのだと思います。そして、ある意味で、この映画はそうしたことをまとめ上げたものなのです。

But I felt in a way, the the way George would come to each of us and obviously pitch the story of Monuments Men was not dissimilar to his character in the film going round to gather the people, the characters, to be in the film.

But yes, most of the stuff was with Matt, and, unfortunately, the time in Berlin was incredibly short. [Clooney: The, uh, pitch to her was that she wouldn't have to work with Matt, and…I lied.] Yeah. No, but it was g—I mean, we hadn't… I think we've, um, aged relatively well. The last time we worked together was in *Ripley* (*The Talented Mr. Ripley*)* in Italy, so it was a slightly different endeavor. And then in between times he…yeah, made *Behind the Candelabra**, so… Fortunately, I hadn't seen that before we filmed this. (Laughter) [Clooney: Oh, we did.]
❸ Mamma mia.

語注

pitch: 投げる、売り込む **dissimilar:** 似ていない **endeavor:** 企て、試み

* **Ripley (The Talented Mr. Ripley):** 邦題『リプリー』
* **Behind the Candelabra:** 邦題『恋するリベラーチェ』

日本語訳

でも、ある意味で、ジョージが私たちひとりひとりのところにやってきて『モニュメンツ・メン』の話を熱心に売り込んでいた姿勢は、この映画の中でメンバーを集めてまわっている彼の役回りと似てなくもないという気がしました……映画の登場人物を集めるようで。

でも、ええ、ほとんどの場面はマットが相手のものでした。それに、残念なことに、ベルリンでの撮影時間は信じられないほど短かったのです。[クルーニー：彼女には、マットを相手にして演じる必要はないと言って説得したんですよ。もちろん嘘をついたのです] でも、私たち（マットとケイト自身）はけっこういい感じで歳をとったと思いますよ。最後に私たちが共演したのはイタリアで撮影した『リプリー』のときで、それは多少異なる試みでした。そしてそのあと、これまでに彼は『恋するリベラーチェ』に出演したのですが…ありがたいことに今回の撮影の前に私はそれを見ていなかったのです。〈会場・笑〉 [クルーニー：おや、私たちは見たよ] まあ、なんてこと！

→Track 35

書き取り Exercise!

ここでは、言いよどみがあまりなくきれいに発音している部分を、各 Section からピックアップしています。音声を聞き、書き取ってみましょう。また声に出して自分でも言ってみましょう。

Section 1

We were ___ all that _______ with the the _____ _____, which is ____for a _____ ____ _ ____.

実際の話はそれほど知らなかったのです。この話は第二次世界大戦の映画の題材としては珍しいですからね。

Section 2

Grant and I tend to _____ _____ that are somewhat ______ _ _____

グラントと私は、時にややシニカルな映画を作る傾向がある。

Section 3

_________, I _____ ____ that before we ______this.

ありがたいことに今回の撮影の前に私はそれを見ていなかったのです。

→Track 36

聞き取り Power up!

ここでは、早口だったり音声変化が起こっていたり、聞き取りにくい部分を各 Section からピックアップしています。音声を聞き、書き取ってみましょう。

Section 1

even the tho- we ______ of it as sort of a ___ ______ Kelly's Heroes and The Train,

それで、今回の映画はだいたい『戦略大作戦』と『大列車作戦』を織り交ぜたようなものとして考え、

Section 2

they were _____ on ___ of it and the thing—that was ______ ___. So all of—some of the ______ ____ of the ___ were ___.

彼らはその上で食事をしていたのですから——あれも確かに事実だったのです。そういうわけで、この映画のとんでもない場面のいくつかは実際にあったことなのです。

Section 3

Yeah. No, but it was g— I ____, we hadn't... I think we've, um, ____ ________ ____

でも、私たち（マットとケイト自身）はけっこういい感じで歳をとったと思いますよ。

column ⑦

芸術作品や芸術家の名前の発音

『ミケランジェロ・プロジェクト』のストーリーは、ナチスに奪われた美術品を取り返すために実際に行われた活動がベースとなっています。この活動によって取り返された作品の英語名と芸術家の名前の英語発音を調べてみましょう。

Leonardo da Vinci /lɪənɑ̀ːdəʊ də víntʃi/
（レオナルドダビンチ）
Mona Lisa /mòunəlíːsə/（モナリザ）

「モゥナリーサ」のように「リ」に強勢が置かれます。

Michelangelo /màɪk(ə)lǽn(d)ʒlou/（ミケランジェロ）
Madonna of Bruges /mədɑ́(ː)nə əv brúdʒɪz/（聖母子像）

イタリア語ではカタカナ語に近い発音ですが、英語風に発音すると「マイクルアンジロゥ」のように聞こえます。

Édouard Manet/eɪdwɑ́ːr mænéɪ/（マネ）
The Conservatory /ðə kənsə́ːrvətɔ̀ːri/（温室にて）

「マネィ」のように「ネ」の部分に強勢が置かれます。

Johannes Vermeer /dʒouhǽnəs veərmír/（フェルメール）
The Astronomer /əstrɑ́(ː)nəmər/（天文学者）

Vermeer はオランダ語ではカタカナ語に近い発音ですが、英語風に発音すると最初の音が有声音で発音されがちです。

Unit 8

Angelina Jolie

アンジェリーナ・ジョリー

Maleficent

写真：アフロ

『眠れる森の美女』を邪悪な妖精の視点で描く

『マレフィセント』

Maleficent

映画紹介

ロバート・ストロンバーグ監督、ウォルト・ディズニー・ピクチャーズ製作、ポール・ディニとリンダ・ウールヴァートン脚本による2014年のファンタジー映画。マレフィセントは1959年公開のディズニーのアニメーション映画『眠れる森の美女』に登場する邪悪な妖精。ハリウッドを代表するオスカー女優であり、製作総指揮も手掛けるアンジェリーナ・ジョリーが演じ、『眠れる森の美女』のロマンティックなおとぎ話が"悪役マレフィセント"の視点で描かれ、史上空前のアクション・ファンタジーに仕上がっている。

ある王国で、念願のロイヤル・ベビー、オーロラ姫の誕生を祝うパーティーが開かれ、3人の妖精たちが次々に幸運の魔法をオーロラ姫にかけていく。「美しさを贈ります」「いつも幸せに包まれますように」……だが、3人目の妖精の番になったとき、"招かれざる客"である邪悪な妖精マレフィセントが突如現れ、オーロラ姫に「16歳の誕生日の日没までに、姫は永遠の眠りにつくだろう」と恐ろしい呪いをかけてしまう。幸運の魔法のとおり、オーロラ姫は幸せに包まれ、美しい娘に成長していく。その姿をいつも影から見守るのは、あのマレフィセントだった。なぜ彼女はオーロラ姫に呪いをかけなければならなかったのか。その謎を解く鍵は、人間界と妖精界とのあまりにも悲しい戦いの歴史と、マレフィセント自身の封印された過去にあった。

インタビュー　各Sectionの内容

英語の特徴と聞き取りのポイント

自分自身のアメリカ発音が "flat" に聞こえることは本人も意識しているようですが、激しい抑揚をつけずに落ち着いた声で話しています。別のインタビューではマレフィセントという魔女としてのエレガントさ・偉大さ・意志の強さを表現するために、イギリス発音の練習をしたというエピソードも語っています。映画の中での話し方とも比べてみましょう。

【Section 1】聞き取れない場合は、まずは名詞・形容詞・動詞・副詞などの内容語だけをピックアップしてみましょう。

【Section 2】速さに慣れてきたら、単語と単語がつながって聞こえる「連結発音」に注目してみましょう。

【Section 3】実際に発音されていない音はいくら耳を澄ましても聞こえません。脱落している音を補いながら聞きましょう。

Angelina Jolie

アンジェリーナ・ジョリー

1975年、アメリカ、カリフォルニア州出身。『17歳のカルテ』(99) でアカデミー助演女優賞を受賞。クリント・イーストウッド監督の『チェンジリング』(08) ではアカデミー主演女優賞を始め、ゴールデングローブ賞など、名だたる賞にノミネートされた。私生活では、養子を迎えたのに加え『Mr. & Mrs. スミス』(05) で共演したブラッド・ピットとのあいだに3児をもうけ、本作で子どもたちとの母子共演が実現。

→Track 37

Section 1 私にも子どもたちにも絶好のタイミングの映画

読みやすさレベル 5.0-5.5 | リスニングレベル 6.0 | 169 wpm | 163 語

Q: If this project had come up five years ago, would you have considered it?

Angelina Jolie (AJ): ❶ I don't know, I mean it's- it's such a great project I imagine I would always have considered it. But I think it was really- a- after having directed and- and thinking that I wasn't sure if I wanted to act or how good I'd be, th- this challenge of… it wasn't returning to act as anything normal. It was so- such a crazy idea and I was so challenged by it.

And I- my kids are now all watching all these movies and wanting to play with mommy, and it just was- it was perfect timing to have them all ❷ on set, playing, being a part of the adventure with me. And- and for me as an actress to not do something where I'm taking myself so seriously and I'm trying to, you know, do something for myself, and my art, and my- but just play, just remember what it is to play and entertain and, um, and- and ❸ try something bold.

語注

consider: よく考える　challenged by...:（難しい課題など）に見舞われる　bold: 大胆な、派手な

音声のここに注目！

❶【内容語】
色文字の部分は、最初の1文に含まれる内容語の強勢部分です。まずはこの9つの音を聞き取り、徐々に耳を慣らしましょう。

❷【強形の on】
“on” は普通の文脈では強く発音されませんが、ここでは「子どもたちが撮影現場にいる」ということを強調したいので、強形で発音されています。

❸【ターンテイキング】
会話の主導権の交代をターンテイキングと呼びます。ここでは少し言葉に詰まったためインタビュアーが助け船を出そうとしますが、声の調子をやや強めてターンを維持しています。

日本語訳

Q: もし5年前にこの仕事の話が来ていたら、（引き受けることを）検討してみたと思いますか。

AJ: どうでしょうね。これは非常に素晴らしい作品ですから、いつであっても検討してみたと思います。でも、監督の仕事をしたあとで、自分が女優としてやっていきたいのか、そして、どれくらいうまく演じられるのかわからないと思っていたので、この役にチャレンジするのは……これは、ごく普通に演技に戻るようなものではなかったのです。この（役の）アイデアは突拍子もないものでしたから、かなりむずかしい挑戦だと感じられました。

その一方で、私の子どもたちはみな、こういう映画をもう見ていますし、ママといっしょに遊びたがっているので、これは子どもたちがみんな映画の撮影現場に来て遊び、私といっしょに冒険に参加するには絶好のタイミングだったのです。そして、女優としての私にとっては、真剣に何かをしたり自分や自分のアートのために何かをしたりするというのではなく、ただ役を演じる、演じて人を楽しませるとはどんなことかを思い出すのに、そしてなにか大胆なことを試みるのに絶好のタイミングだったのです。

→Track 38

Section 2 娘が映画スターデビュー

読みやすさレベル 5.0-5.5 | リスニングレベル 7.9 | 208 wpm | 381 語

Q: Your own daughter was in this movie. I've read that you and Brad were a little reluctant to do that? How about that?

AJ: Well, ❶Brad_and_I have never- never wanted_our kids to be actors. We've never talked_about_it_as_a thing we are, you know… Um, but- uh, but we also want them to be around film and be a part of mommy and daddy's life and for it not to be kept from them either, just have a good healthy relationship with it.

Um, and this came about because there were kids that would come to set and they would see me. And I would go up and say hi to them, and they would cry. I actually had one child completely freeze and then cry. It was like terror.

And- um, and so I felt so bad but we realized that there was no way th- that we were ❷going to find a f- four or five year old that I could be as strong with, that would not see me as a monster. And- um, and so- so suddenly it was- suddenly there was Vivvy* running around looking like little Aurora*and everybody kind of thought, "Oh, there's- the answer's right there!"

語注

reluctant to...: ～するのに気がすすまない　**freeze:** (凍ったように) ピタッと動きをとめる

***Vivvy:** Vivienne の愛称。アンジェリーナ・ジョリーの娘。
***Aurora:** 『眠れる森の美女』のオーロラ姫。本作ではエル・ファニングが演じていて、その幼少期をVivienne が演じた。

音声のここに注目！

❶【連結発音】
「_」で示した部分は単語と単語がつながって聞こえます。「ブラッド　アンド　アイ」ではなく「ブラッダンナイ」のように聞こえますね。

❷【going to】
"going to" の語末と "to"の語頭が変化して"gonna"と発音されています。

❸【kind of】
"kind" の語末 /d/ と "of" の語頭 /ə/ が連結し、/d/ が /n/ に変化し、さらに "of"の語末 /v/ が脱落しているので、「カイナ」のように聞こえます。よく起こる現象です。

日本語訳

Q: この映画にはあなたの娘さんが出ていますね。あなたもブラッド（・ピット）もあまりそういうことには乗り気ではないという記事を読んだことがありますが、それについてはどうなのでしょうか。

AJ: ブラッドも私も子どもたちに役者になってほしいと思ったことは一度もありません。そういったことは一度も話をしたことがないのです。でも、同時に、子どもたちには映画に近い場所にいて、ママとパパの生活にかかわっていてほしいと思っています。彼らから映画を遠ざけておくのではなく、映画と健全でよい関係を持ってほしいと。

そして、こういうことになったのは、撮影現場にやって来る子どもたちがいたのですが、私を見ているので、私が立ち上がって、こんにちはと言うと、泣き出してしまうことがあったのです。実際、ある子どもなど完全に凍りついたかと思うと、泣きだしてしまったのです。ひどく恐ろしいものを見たかのように。

私は本当に申し訳なく思ったのですが、私がきびしくしても動じず、私を怪物だと思わない4、5歳の子を見つけることはどうしてもできないだろうということに私たちは気づいたのです。そうしたら、突然、ヴィヴィがそこにいて、幼いオーロラ姫みたいな感じで走りまわっていたのです。それで、みんなが「まあ、解決策は目の前にあるじゃない！」と思ったのです。

Q: How'd she like it?

AJ: She was good, the first day was the day she had to catch the butterfly and she just really didn't feel like doing it. So… so, so I actually was holding the pole with the ball on the end and bouncing up and down and ❸ kind of dancing, trying to make her laugh. And daddy was on the edge of the cliff she had to jump off, kind of like making faces and doing all those things.

Um, but then when we got to- to our scene, um, we kind of practiced it a little bit at home, where I'd say, like, "OK, I'm gonna say, 'Go away!' and then you try to, you know, get back." And so we- and so by the time we did that, when we did it together, we had a good time, we played together. And it was- I was actually shocked that she was doing so well, you know, like inside I thought, "Oh, she went back and hit her mark! That's frightening!"

語注

cliff: 崖、絶壁　**make face:** おかしな顔をする　**hit one's mark:** 見事に演じる

日本語訳

Q: ヴィヴィはこの役が気に入りましたか。

AJ: よかったですよ。最初の日は蝶を捕まえるシーンだったのですが、あの子は少しもそうしたい気分じゃなかったのです。それで、私はボールを先端につけた棒を手に持って、ボールを弾ませて踊ったりなどしてヴィヴィを笑わせようとしましたし、パパは、ヴィヴィが飛び降りることになっている崖のふちに立って、おかしな顔をするなど、いろんなことをしたのです。

でも、あとで私たちのシーンまで来ると、家でも少しは練習しました。「ママが『消えておしまい!』と言ったら、ほら、うしろに下がろうとするのよ」といったふうにです。ですから、その演技をするまでには……その演技をするときは楽しくやれたし、ふたりでいっしょに演技ができたのです。それに、あの子があまりにも上手にやってくれて、実のところ私はとても驚いたのです。「まあ、この子は撮影に戻ったら、(プロとして)すばらしい演技を見せてくれたわ。怖いくらいだわ」と内心、思っていたのです。

→Track 39

Section 3 仕事と家庭を両立させることについて

読みやすさレベル 5.5-6.0 リスニングレベル 7.1 187 wpm 296 語

Q: How do you balance work and family?

AJ: Yeah, well ❶ that was hard because- because it- because for the most of the time I- we- the kids went back and forth sometimes, and we each had some but- but for many- most of the time I had them all and- and- uh, and it- and it was hard.

But, you know, I'm not a single mom with two jobs trying to get by every day. I- I have much more support than most people- most women around this world and- and- and I have the financial means to have a home and- and, uh, help with care and food. And so- so I don't- um, I don't consider it a challenge.

語注

go back and forth: 行ったり来たりする **get by:** うまく通り抜ける、なんとかやりきる
financial means: 財政手段

音声のここに注目！

❶【音の脱落】
色で示した部分は聞こえなくなっている音です。語末の /t/ と /d/ がほとんど脱落し、音があったはずの部分に一瞬の音の空白ができています。

❷【弱形の can】
自分の恵まれた境遇について説明していますので“can”という語が連続していますが、すべて弱形で発音されています。「キャン」とは聞こえませんね。

❸【強形の that】
本当に苦労して子育てをしている女性たちの話の後に「それこそが苦労というものです」ということを伝えるために、強形で発音しています。

日本語訳

Q: 仕事と家庭の両立はどのようにして図っていますか。

AJ: ええ、それはとてもむずかしかったです。というのは、（いつも私は……私たちは……）子どもたちはときには行ったり来たりしましたし、それぞれ（私と夫）が何人かずつ連れていったり……でも、たいてい子どもたちはみんな私といっしょだったのです……それはとてもむずかしかったです。

でも、私は仕事をふたつ抱え、その日その日を懸命に生きているシングルマザーではないのです。私は世の中のほとんどの人たち、たいていの女性よりもずっと支えられているのです。それに私には家や（子どもの）世話をしてくれる人や食べ物を手に入れる経済的な手段があります。ですから、それ（両立を図ること）が苦労だとは思いません。

They home-school, so we travel everywhere together. They were on set almost every day for *Maleficent*. Um, we travel everywhere together, and, um, I, uh, you know, when I feel I'm doing too much, I do less, if I can, and that's why I'm in a rare opp- position where I don't have to do job after job.

I ❷can take time when my family needs it, and I can make sure, and I can edit now. And that's a nice thing about being a director, I can say, "I can only get to the room after the kids are at school and I have to be back for dinner and- and they're coming for lunch, and…"

Um, so- so I don't feel- I actually feel that, uh, you know, women in my position, w- when we have all- all at our disposal to help us, um, shouldn't complain when we consider all the people who were really struggling, don't have the financial means, don't have the support, and many people are single, raising children, ❸that's hard.

語注

disposal: （人、物、お金を）自由に使えること **struggle:** もがく、苦しむ

日本語訳

子どもたちはホームスクーリングで勉強していますから、どこに行くときもみんないっしょです。『マレフィセント』のときもほとんど毎日撮影現場に来ていました。私たちはどこに行くにもいっしょなのです。そして私は、自分が仕事のしすぎだと思ったら、もし可能なら、仕事を減らします。ですから、私は次から次へと仕事をしなくてもいいという恵まれた立場にいるのです。

家族が私との時間を必要としているときはそれがとれますし、必ずそうするようにしていますし、今は編集をしていられます。それが監督であることのよい点で、私はこう言えるのです。「私は子どもたちが学習室に行ってから仕事部屋に入ればいいし、夕食のためや、子どもたちが昼食に来るとき戻ってくればいい」と。

ですから、私のような立場にある女性が、好きなだけ支援が得られるときに、本当に苦労していて経済的手段もなく、支援も得られない人たちのことを考えると、文句は言えないはずだと思うのです。その多くは女手ひとつで子どもを育てているのですから、それは大変なことなのです。

→Track 40

書き取り Exercise!

ここでは、言いよどみがあまりなくきれいに発音している部分を、各 Section からピックアップしています。音声を聞き、書き取ってみましょう。また声に出して自分でも言ってみましょう。

Section 1

it ______ returning to __ as anything ______. It was so-such a _____ ____ and I was so _________ by it.

これは、ごく普通に演技に戻るようなものではなかったのです。この（役の）アイデアは突拍子もないものでしたから、かなりむずかしい挑戦だと感じられました。

Section 2

and this _____ _____ because there were ____ that would _____ to __ and they would ___ me.

そして、こういうことになったのは、撮影現場にやって来る子どもたちがいたのですが、

Section 3

___, you know, I'm ___ a _____ ____ with two jobs _____ to ___ ___ every day.

でも、私は仕事をふたつ抱え、その日その日を懸命に生きているシングルマザーではないのです。

→Track 41

聞き取り Power up!

ここでは、早口だったり音声変化が起こっていたり、聞き取りにくい部分を各Section からピックアップしています。音声を聞き、書き取ってみましょう。

Section 1

I ____ ____, I mean it's- it's such a ____ ______ I ______ I would _____ have ________ it.

どうでしょうね。これは非常に素晴らしい作品ですから、いつであっても検討してみたと思います。

Section 2

the ___ ___ was the day she had to ____ the _______ and she just really _____ ___ ___ _____ it.

最初の日は蝶を捕まえるシーンだったのですが、あの子は少しもそうしたい気分じゃなかったのです。

Section 3

And that's a ___ thing about being a ______, I can say, "I can only __ to the ____ after the ___ are at _____

それが監督であることのよい点で、私はこう言えるのです。「私は子どもたちが学習室に行ってから仕事部屋に入ればいいし、

column ⑧

童話の中の定番フレーズ

『マレフィセント』は、ペローやグリム兄弟による童話『眠り姫（*Sleeping Beauty*）』を魔女の視点から描いた作品です。魔女がオーロラ姫にかける呪い "Before the sun sets on her sixteenth birthday, she will prick her finger on the spindle of a spinning wheel, and fall into a sleep like death!" は定番フレーズです。昔から語り継がれる童話のお決まりのフレーズは、一部を聞いただけでピンとくることを狙って、独特のリズムをともなって発音されます。いくつか例を見てみましょう。

『赤ずきん』*Little Red Riding Hood*

> "What big eyes / ears / teeth you have!"
> "All the better to see / hear / eat you with, my dear!"

『3 匹のこぶた』*The Three Little Pigs*

> "Little pig, little pig, let me come in."
> "No, no, not by the hair on my chinny chin chin."
> "Then I'll huff, and I'll puff, and I'll blow your house in."

『白雪姫』*Snow White*

> "Mirror, mirror, on the wall, who's the fairest of them all?"

The Equalizer

Chloë Moretz
クロエ・モレッツ

&

Denzel Washington
デンゼル・ワシントン

写真：Startraks/アフロ

アメリカ版「必殺」仕事人！ 世の不正を19秒で抹消！

『イコライザー』
The Equalizer

映画紹介

2014年にアメリカで製作されたサスペンスアクション映画。監督はアントワーン・フークア、主演はデンゼル・ワシントン。このふたりは、2001年デンゼル・ワシントンにアカデミー賞主演男優賞をもたらした『トレーニングデイ』（サスペンスアクション）の際の最強タッグ。共演は『キック・アス』の過激少女“ヒット・ガール”を熱演してから世界中の人気アイドルとなったクロエ・グレース・モレッツ。演技派デンゼル・ワシントンの仕事人に徹するクールなアクションと、クロエの娼婦役への挑戦が見どころの作品。

昼はホームセンターで真面目に働くロバート・マッコール（デンゼル・ワシントン）。元CIAのトップエージェントであったが、現在は静かに暮らしている。深夜に行きつけの店で読書をするのが日課となっていた彼は、ある夜、娼婦のテリー（クロエ・モレッツ）と出会う。本に関する他愛のない会話を交わすうちに、彼女がロシアン・マフィアに酷い仕打ちを受けていることを知る。そして、人生に夢さえ抱けず、傷つけられるテリーを助けるため、マッコールはもうひとつの「仕事」を遂行する。それは人々を苦しめる悪人を葬り、どんなトラブルも完全抹消すること。しかし、この「仕事」がきっかけとなり、ロシアン・マフィアがマッコールを追い詰めていく。果たしてはマッコール逃げ切り勝つことができるのか。

インタビュー　各 *Section* の内容

英語の特徴と聞き取りのポイント

英語教科書のモデル音声ではなかなか聞くことができない、現実の会話で起こる音声変化が多く含まれた素材です。音声変化の聞き取りのために、耳を慣らしましょう。

【Section 1】語末の/t/がすべて音声変化しています。/t/が厳密にどの音に変化しているかを聞きわける必要はありませんが、音声変化の例を確認しましょう。

【Section 2】まずは、強調語や否定語など、どうしても聞き取らなければならない部分に焦点を当てて聞いてみましょう。

【Section 3】くだけた口調のときの音声変化や、「非標準形」と呼ばれるアメリカ英語発音に注目しましょう。

クロエ・モレッツ
Chloë Moretz

1997年、アメリカ、ジョージア州出身。5歳の頃から芸能活動を開始し、『(500)日のサマー』(09)などで演技の経験を積み、14歳のときに『キック・アス』(10)に主演。同作では激しいアクションシーンと強烈なキャラクターを熱演し、新人賞を獲得。『モールス』(10)では、シュールな少女役を演じ大ブレイク。

娼婦役を演じた映画リリースの記者会見での発言のせいか、普段よりも社会的地位が低い若い女性の話し方になっているように感じられます。音声変化や口語表現、語の強調の仕方などにまだ17歳の多感な子どもらしさが表れています。

デンゼル・ワシントン
Denzel Washington

1954年、アメリカ、ニューヨーク州出身。映画デビューは「ハロー、ダディ！」(81)。その後出演作ごとに注目され、「遠い夜明け」(87)でアカデミー助演賞にノミネート。「グローリー」(90)で同賞を受賞。以降、数多くの話題作に出演。「トレーニング デイ」(01)でアカデミー主演男優賞を受賞した。

The Equalizer では淡々と仕事をこなすクールな役柄を演じていますが、このインタビューではリラックスしたお茶目な「素」のデンゼル・ワシントンが感じられる話し方をしています。

→Track 42

Section 1 ふたりの特別な関係

読みやすさレベル 4.5-5.0 | リスニングレベル 7.5 | 178 wpm | 142 語

Q: Did you and Denzel have a lot of rehearsal time? You seemed to be more open with him compared to other people.

Chloë Moretz (CM): Yeah, I mean, you know, we didn't have time to–rehearsal time together. We kind of just, you know, went up on set and did it. And I feel like… you know, I think, uh, what was so special about the relationship that, that we all kind of talked ❶about, I guess, is the fact that, um, ❷Robert* is the only guy in her life that ❸doesn't ❷treat her like a piece of meat. You know, he's the only guy that ❸doesn't check her ❶out up and up and down the minute she walks in a room. He's, you know, he's the only guy ❷that actually asks her how she is, how's she doing, how's her day. You know what I mean? And they have real conversations, even if it's just like, you know, how's your book. And ❷it, uh, that means more to her than, than anything, and so I think, uh, her demeanor obviously kind of took ❶that on, in the fact that she ❸didn't feel like she had to, you know, ❷put herself on.

語注

a piece of meat:（性的対象として）豊満な肉体を持つ人 **check out:** 調べる、よく見る **the minute:** ～するとすぐに **demeanor:**（性格が表れる）振る舞い、態度、外見 **put on:**（態度、表情などを）装う、だます

***Robert:** Robert McCall。デンゼル・ワシントンが演じる本作の主人公。

音声のここに注目！

❶ 【/t/ → /ɾ/】

"about, I" (アバゥライ)、"out up and" (アゥラッパン)、"that on" (thァロォン) のように聞こえます。

❷ 【/t/ → /d/】

"Robert is" (ロバーディズ)、"treat her" (トゥリーダ)、"that actually" (th ァダクチュリ)、"it, uh," (イダー)、"put herself" (プダセルフ) のように聞こえませんか。

❸ 【/t/ → /ʔ/】

/n/ の後ろの /t/ が声門閉鎖音に変化して、音を一瞬呑み込んでいるように聞こえます。

日本語訳

Q: あなたとデンゼル（・ワシントン）は、時間をかけてリハーサルをしたのですか。ほかの人たちに対するよりも、彼にはずっと気がねなく接しているように見えましたが。

CM: ええ、でも、私たちはいっしょにリハーサルをする時間はなかったのです。いきなり撮影現場に入って演じたようなものです。それに、たぶん、私が思うに、（映画の中での）私たちの関係が特別なのは――このことについては、みんなで話し合ったりもしたのですが――彼女（クロエが演じるテリー）の人生の中でロバートだけが彼女を単なるセックスの対象として扱わない男性だからなのです。彼だけは、彼女が部屋に入ってきたとたんに、体をじろじろ眺めまわしたりはしないのです。彼だけが、元気かいとか、どんな調子だいとか、今日はどうだったかい、などと実際に声をかけてくれるのです。私の言っていることがわかるかしら。ふたりは本物の会話をするのです。たとえ、それが単に「その本は面白いの？」のようなものであっても。そして、そのことは彼女にとってなによりも大きな意味を持つのです。ですから、彼女の態度にも明らかにそれが表れて、自分を装う必要を感じなかったのだと思います。

→Track 43

Section 2 目を見て話ができるのはロバートだけ

読みやすさレベル 5.5-6.0 リスニングレベル 7.8 223 wpm 238 語

Q: Did you have time to research the role? It's almost like he's the only person she looks in the eye. She's not looking at anybody else. And I just wonder where that came from. Did you just figure it out?

CM: Um, well, I, uh, I actually went to this organization that Antoine* sent me to called the Children of the Night*, and I met a lot of girls who were actually put in this situation and, and have been taken out of it and are, uh, kind of figuring their life out now and, and getting educated and… And, um, a lot of them had this thing where ❶they wouldn't really look you in the eye at all, really. And they would kind of just walk… You know, when they would talk about what happened to them and they would tell you these stories, they would just kind of be ❷real drifty and ❷real, ❷real shifty, but then when, when you would kind of connect with them, then they would actually kind of grant you [with] their look, and it meant ❸so much to see that, and they kind of let you in, and you understand that that doesn't happen very much.

語注

figure out: 考え出す、(問題などの)解決法がわかる **drifty:** ぼんやりした、ボーっとした **shifty:** (人が)ずる賢い、責任逃れをする **grant:** 受け入れる、聞き入れる、認める

***Antoine:** アントワーン・フークア。本作の監督。
***Children of the Night:** 売春に浸ってしまった子どもたちを救うために作られたアメリカの非営利団体。宿泊施設も完備されており、学校や社会からドロップアウトしてしまった子どもたちが社会に戻れるように訓練するリハビリ施設のようなもの。

音声のここに注目！

❶【重要語の聞き取り】
"look(s) in the eye" はすでに質問者が使ったフレーズなのでしっかり聞き取る必要がなく、"at all" や "really" はただの強調語ですから、"wouldn't" さえ聞き取れればOKです。

❷【強意副詞の real】
くだけた口語表現です。"drifty", "shifty"という形容詞を強調する副詞として"real"と言っていますが、改まった場では"really"のほうが無難です。

❸【強調語と否定語】
早口で話していますが、状態を強調するための語や否定語は強く長く発音しています。

日本語訳

Q: ご自分の役について研究する時間はあったのですか。彼（主役のロバート）は彼女（クロエが演じるテリー）がまともに目を合わせるたったひとりの人物のようですね。ほかの人（の目）は見ていませんね。あの演技はどこから来ているのでしょう。あなたがご自分で考えだしたのですか。

CM: アントワーン（監督）の指示で実際に「チルドレン・オブ・ザ・ナイト」という（児童保護）団体を訪問したのですが、まさにそうした状況に置かれ、そこから救出され、今では自分の人生をどう生きるべきか考えながら教育を受けているたくさんの女の子に会ったのです。その子たちの多くに共通しているのは、本当に相手の目をまったく見ようとしないことです。そして、ただ通り過ぎていくのです。自分の身に起きたことを話してくれたり、あれこれ教えてくれたりしたとしても、非常におざなりで、まったくとらえどころがないのです。それでも、こちらの気持ちが通じると、本当に見つめ返してくれるのです。それ（そのような変化）を見るのはとても大きな意味がありました。彼女たちがこちらを受け入れてくれたのであり、そういうことはめったにないことだとわかるからです。

And we wanted to make that really poignant, and that's when she comes over to his table and she has that conversation with him. It's a ❸huge moment, 'cause she… she ❸doesn't do that. And I don't think he does that either. And they both kind of lock eyes on each other and they… they ❸barely say any words in that scene, but there's ❸so much context just in the emotions they're sharing through their eyes.

語注

poignant:（感情的に）心を打つ、強い印象を与える

日本語訳

それで、私たちは（映画では）そこのところを強く印象に残るようにしたかったのです。その場面では、彼女が彼のいるテーブルにやって来て彼とあのような会話をするのですが、あれはとても大事な場面（瞬間）なのです。彼女は（普通は）そういうことはしないのですから。それに、彼も（普段は）そういうことをするとは思いません。そしてふたりが見つめ合い――あの場面ではほとんど言葉は交わさないのですが――ふたりが目と目で交わす感情には、とても多くの意味が込められているのです。

➔Track 44

Section 3 撮影初日にすることは……

読みやすさレベル 6.0-6.5 | リスニングレベル 6.8 | 164 wpm | 252 語

Q: You like shooting something easy on the first day of production.

Denzel Washington (DW): That's a good way in. You know, I, I always like, if it's possible, ❶making a film, the first day, to just do some ❶walking… non– yeah, you know. Some filmmakers… maybe sometimes you feel like, oh, let's just jump right into something. If it's right, you know, then it might be a scene where a person should– the character should be unsure, let's say– so that might be a good ❷thing to shoot the first day, 'cause you're not sure.

But I like ❶walking… camera way back up the block somewhere and… 'Cause you, you're figuring it out. You don't come in… you don't know. You know, a jazz musician doesn't know.* He knows his, his solo, but you haven't even–for an actor, ❸nobody else has played any music yet on the first day. You know what I mean? It's… you… what is the rhythm? You're usually just ❶finding the rhythm.

語注

way (back up): ずっと、はるか（ここでは「上のほうのどこか遠くに」という意味）

* You know, a jazz musician doesn't know.
デンゼル・ワシントンの前に回答していた人が、同じ質問（撮影の初日はどのような感じでしたか）に対して、「デンゼルに会うと、自然といつものリズムが戻ってくるんだ。ミュージシャンが（昔の仲間と会って）リズムの感覚を取り戻すように」と回答していたことを受けて、同じ例えを使っている。

音声のここに注目！

❶【-ing の発音】
/ŋ/ を /n/ に置き換えて発音しています。くだけた表現では"-in' "のようにアポストロフィで表されます。

❷【th の発音】
ここでは強く表れてはいませんが、/θ/ を /t/ のような閉鎖音ぎみに発音するケースがあります。同じように /ð/ が /d/ に置き換えられることもあります。

❸【nobody の発音】
標準的な発音では /nóʊbədi/ のように最初の音節に強勢が置かれますが、ここでは2音節目も強く発音されています。

日本語訳

Q: あなたは、映画制作の初日には簡単な場面から撮影したいですか。

DW: そういう入り方がいいですね。もし可能なら、僕は、映画づくりにあたってはいつも初日はちょっと歩きまわるだけにしたいですね。監督の中には――たぶん、いきなりなにかの場面にとりかかろうと言いだす人もいるかもしれません。そうしたほうがよいとすれば、それは、誰か――登場人物が（どう演じるべきか）自信のない場面ならそれでいいでしょう。それならば、初日に撮るのがいいことかもしれません。まだよくわかっていないのですから。

ですが、僕は歩きまわるほうが好きです。カメラをどこか、遠くに残したままで。というのは、いろいろ考えているところだからです。まだどうなるかわからないのです。ほら、ジャズミュージシャンだって、まだわからないのです。自分がソロで演奏する部分はわかっているのですが、役者としてはまだほかの誰も初日はなんの曲も演奏していないのですから。私の言いたいことはわかりますよね。どんなリズムになるのでしょう。

I mean, I've never done a film where the first take or two I'm not nervous. [Interviewer: No kidding.] Yeah,'cause you're not sure, you know. I know there's more film in the camera, or more data in the camera. So, as I've gotten more experienced, I know–so and maybe, and Antoine knows–let it take the time, let it breathe, let the–let it keep ❶running. You know, producers are ❶❷thinking money–they're like, hey. You know, but… [Interviewer: Although on that one, they were ❶sitting there, too, and ❶letting it roll, by the way. You know?] Yeah, yeah. Yeah, 'cause you gotta work it out. You, you… you don't know.

語注

nervous: 緊張して　**let it breathe:** 一休みさせる

日本語訳

たいていの場合、そのリズムをつかもうとしているところなのです。僕が演じた映画で、最初の1、2回目の撮影のときに緊張しなかったものはひとつもないです。[質問者：ご冗談でしょう] いいえ、そうなんです。まだよく先が見えていないのですから。カメラの中には十分なフィルムがあるし、あるいは十分なデータ（容量）があることはわかっています。ですから、経験を積むにつれ、僕には、それにたぶんアントワーン監督にもわかっているのですが、時間をかけ、ゆったりとカメラを回し続けようということになるのです。プロデューサーたちは金のことを考えているから…… [質問者：ですが、それについては、プロデューサーたちもそこにいて、進行させているわけですよね。そうでしょう] ああ、そうですね。とにかく成功させなくてはなりませんからね。

→Track 45

書き取り Exercise!

ここでは、言いよどみがあまりなくきれいに発音している部分を、各 Section からピックアップしています。音声を聞き、書き取ってみましょう。また声に出して自分でも言ってみましょう。

Section 1

Yeah, I ____, you know, we _____ have ____ to ________ time _______.

ええ、でも、私たちはいっしょにリハーサルをする時間はなかったのです。

Section 2

but there's so much ______ just in the ________ they're ______ through their ____.

ふたりが目と目で交わす感情には、とても多くの意味が込められているのです。

Section 3

That's a ____ way in. You know, I, I always like, if it's ________, making a ____, the ____ ____, to just do some ________...

そういう入り方がいいですね。もし可能なら、僕は、映画づくりにあたってはいつも初日はちょっと歩きまわるだけにしたいですね。

→Track 46

聞き取り Power up!

ここでは、早口だったり音声変化が起こっていたり、聞き取りにくい部分を各Section からピックアップしています。音声を聞き、書き取ってみましょう。

Section 1

You know ____ I mean? And they have ___ __________, ____ if it's ___ ___, you know, _____ your ____.

私の言っていることがわかるかしら。ふたりは本物の会話をするのです。たとえ、それが単に「その本は面白いの?」のようなものであっても。

Section 2

a lot of them had this thing where they _______ really ____ ___ in the ___ at all, really.

その子たちの多くに共通しているのは、本当に相手の目をまったく見ようとしないことです。

Section 3

'cause ___ gotta ____ it ___.

とにかく成功させなくてはなりませんからね。

column ⑨

古典文学作品がストーリーの伏線に

『イコライザー』で、デンゼル・ワシントン扮する「仕事人」のロバートとクロエ・モレッツ扮する娼婦のテリーが親しくなるきっかけは、ロバートが読んでいた『老人と海（*The Old Man and the Sea*）』です。亡くなった妻が読んでいた「おすすめ100作」をロバートも読んでいるという設定ですが、この映画では、古典文学作品がストーリー展開の伏線となっています。

ヘミングウェイ『老人と海』*The Old Man and the Sea*

以下の会話が、引退してもなお昔の「仕事人」としての自分が顔をのぞかせてしまうロバートの状況を暗示しています。

> TERI: Why didn't he let it go then?
> MCCALL: Old man's gotta be the old man. Fish has got to be the fish. Gotta be who you are in this world, no matter what.

セルバンテス『ドン・キホーテ』*Don Quixote*

テリーがひどい仕打ちを受ける直前にロバートが読んでいたのがこの作品です。ふたりがそれぞれ生きている世界を物語っています。

> MCCALL: Guy who thinks he's a Knight. Only he lives in a world where knights don't exist any more.
> TERI: Sounds like my world.

Unit 10

Christian Bale
クリスチャン・ベール

&

Ryan Gosling
ライアン・ゴズリング

The Big Short

写真：REX FEATURES/アフロ

リーマンショックの真実を描く

『マネー・ショート 華麗なる大逆転』

The Big Short

映画紹介

2015 年アメリカで公開されたドラマ映画。監督はアダム・マッケイ、主演はクリスチャン・ベール。本作はマイケル・ルイスのノンフィクション『世紀の空売り 世界経済の破綻に賭けた男たち』（2010 年刊行）が原作。多くの投資家たちが金融商品を買いあさるなか、いち早くバブル崩壊の兆しを読み取った投資家もいた。本作は、彼らがどのようにしてサブプライム住宅ローン危機で巨額の利益を上げたのかを描き出す。

2005 年、金融トレーダー・マイケル（クリスチャン・ベール）は、返済の見込みの少ない住宅ローンを含む金融商品は、数年以内に債務不履行に陥る可能性があることに気づいたが、その予測はウォール街からは相手にされずにいた。マイケルは「クレジット・デフォルト・スワップ（CDS）」という金融取引に目をつけ、サブプライム・ローンの価値が暴落したときに巨額の保険金を手にできる契約を投資銀行と結ぶ。同じ頃、ウォール街の若き銀行家ジャレド（ライアン・ゴズリング）は、サブプライム・ローンを組ませている大手銀行に対して不信感を募らせているヘッジファンドのマークに CDS に大金を投じるべきだと勧める。この他にもこの住宅バブルを好機と捉えた若き投資家ジェイミーとチャーリーは伝説の銀行家ベン（ブラッド・ピット）に相談を持ちかけていた。そして 2008 年、遂に、住宅ローンの破綻に端を発する市場崩壊の兆候があらわれる。

インタビュー　各 *Section* の内容

英語の特徴と聞き取りのポイント

とても打ち解けた様子で、ふたりとも冗談を交えながら楽しげに話しています。イギリス寄りの発音とアメリカ寄りの発音の違いにも注目してみましょう。

【Section 1】イギリス発音に多い /t/ の音声変化に注目しましょう。

【Section 2】繰り返される名詞や形容詞に注目し、話の展開の概要をつかみましょう。

【Section 3】アメリカ発音に多い /t/ の音声変化に注目しましょう。

クリスチャン・ベール
Christian Bale

1974年、イギリス、ウェールズ出身。『ザ・ファイター』（10）でアカデミー助演男優賞を初ノミネート、ゴールデングローブ賞なども受賞。「アメリカン・ハッスル」（13）でアカデミー賞やゴールデングローブ賞コメディ／ミュージカル部門の主演男優賞にノミネート。本作でもアカデミー賞、ゴールデングローブ賞などで助演男優賞の候補となった。

ウェールズ生まれのイングランド人で、イギリス英語らしいスラングも飛び出します。あまり美しくない言葉づかいがいくつか含まれています。話し方を真似するよりは、リスニング素材として聞いてみましょう。

ライアン・ゴズリング
Ryan Gosling

1980年、カナダ、オンタリオ州出身。業界で引く手数多の俳優のひとり。『ハーフネルソン（原題）』（06）でアカデミー賞主演男優賞にノミネート。その後も『ラースと、その彼女』（07）、『ブルー・バレンタイン』（10）など、いずれもアカデミー賞に絡む良質な作品に主演。最近では『ロスト・リバー』（14）で監督デビューを果たした。

カナダ・オンタリオ州出身ですが、子供時代にはカナダ英語が “tough” に聞こえないという理由で、アメリカの俳優マーロン・ブランドのアクセントをモデルにしていたそうです。シニカルな冗談を交えながら淡々と話す様子が特徴的です。

→Track 47

Section 1 ひとりだけの撮影は快適！

読みやすさレベル 5.5-6.0　リスニングレベル 9.1　214 wpm　154 語

Q: Most of your scenes are alone. Is it easier or more difficult to work that way?

Christian Bale (CB) : I really loved just working by myself. [laughter] It was great! It's so much fun! Um, and then you just have like the voice of God, which was Adam*, 'cause you'd have a mike, ❶ and then he'd just talk shit to me whilst I was in the office or make fun of ❷ what I was doing or ❷ whatever. Uh, but it's amazing how much you can get done when there's nobody else. [laughter]

'Cause, I mean- w-we shot for nine days, I think it was. Man, we just banged out the pages, uh, so quick and could just, like Steve* was saying, you know, play around with it... uh...so much. And when you're by yourself, there's really no continuity that you gotta worry about at all. So, ❸ each and every take it's like you just do whatever the bloody hell you want! So I-I loved it. I wanna make every film that way from now on.

語注

mike: マイク　**talk shit:** 悪口を言う、くだらないことを言う　**whilst:** while（～の間）　**make fun of...:** ～をからかう　**banged out:**（脚本を）ワープロなどで打ち出す（**banged** は **bang** の過去形）　**continuity:** シーンとシーンのつなぎ目のこと。シーンの連続性。　**bloody hell:** はちゃめちゃ、ひどい様子

***Adam:** Adam McKay。アダム・マッケイ。本作の監督。
***Steve:** Steve Carell。スティーブ・カレル。アメリカの俳優。本作ではウォールストリートのヘッジファンドのマネージャー役。今回のインタビューにも同席。

音声のここに注目！

❶【脱落】

an(d) then he('d) jus(t) talk shi(t) to meのように(カッコ)内の音が脱落しています。

❷【/t/ の発音】

"what" の /t/ の部分は息を飲み込むようにして発音しています。声門音と呼ばれる、イギリス発音に多い音です。

❸【連結と脱落】

each_an(d)_every ta(ke) のように連結や脱落がたくさん起きています。

日本語訳

Q: あなたが登場する場面（シーン）はほとんど、あなたがひとりだけですね。ああいうふうに演じるのは（演技相手がいるよりも）簡単ですか、それともむずかしいのでしょうか。

CB: ひとりで演技をするのはとても気に入りました〔笑い〕。なかなかよかった。実に楽しいものですよ。それに神の声のようなものが聞こえてきて、と言っても、それはアダム（監督）なんですが、マイクをつけているからで、僕がオフィスにいるときにくだらないことを話しかけてきたり、僕がしていることなんかをからかったりしていたのです。それにしても、他に誰もいないと、驚くほど仕事がはかどるんです〔笑い〕。

というのは、たしか9日かけて撮影したと思いますが、脚本を仕上げると同時にあっという間に、次々に仕事は進んでいって、スティーブが言っていたように、遊び気分で大いに楽しんでいればよかったのですから。それにひとりで演技していると、コンティニュイティ（連続性）を心配しなくてもいいですしね。だから、どのショットもみんな自分のやりたいようにやればいいといった具合です。というわけで、とても気に入ったのです。今後はどの映画もあんなふうに作りたいものですね。

→Track 48

Section 2 映画出演の決め手はヘアスタイル

読みやすさレベル 6.5-7.5 | リスニングレベル 6.6 | 175 wpm | 261 語

Q: What was it that attracted you to this particular character–and movie, frankly–and what made you really wanna do it?

Ryan Gosling (RG): Uh, the ❶ Jheri curl*. [laughs] Adam said...and I said, "You had me at ❶ Jheri curl. Um, you don't need to"... I-I'm uh, you know, I love Adam's movies and in some ways they're not even movies, they're like friends of mine or something. Like, I'll check in with Step Brothers* just to see how it's doin', you know. It's... they...I-I love them and-and so to be able to work with him at all was ❷ exciting. And then- and then to get this script and to see that it's sort of a departure for him, and to be able to be a part of that as well just made it more ❷ exciting, you know.

But I learned a lot. I still am learning about it. I mean, I learned a lot from the script and then obviously through Michael's book* and then through the research process, and even through watching the film. I-I've learned more, so.

語注

attract:（興味を）引く、魅了する　**particular:** 特有の　**frankly:** 率直に言って　**obviously:** 明らかに

***Jheri curl:** ジェリー·カール。1980年代、黒人の間で流行したパンチパーマのようなヘアスタイル。Jheri Reddingという美容師が開発したヘアスタイルで、Jheri curlの名称は彼の名前に由来する。
***Step Brothers:** アダム·マッケイが監督した映画。邦題『俺たちステップ·ブラザース　ー義兄弟ー』。
***Michael's book:** Michael Lewisによる本作の原作本（*The Big Short*）のこと。マイケルは2011年にブラッド·ピット主演で公開された『マネーボール』の原作の著者でもある。

音声のここに注目!

❶【Jheri curl】
この役柄の中で普段とはずいぶん異なったヘアスタイルになったことを自嘲気味に表現しています。

❷【exciting】
Adam McKay 監督との仕事に魅力を感じていたことを長い文で説明していますが、“exciting” という語をしっかり聞き取れれば話が理解しやすくなります。

❸【unique】
Michael Lewis による原作を独特の脚色にアレンジしてあったことにも魅力を感じたことが “unique” という形容詞で表現されています。

日本語訳

Q: あなたが特にこの役に、この映画に惹かれたのは、率直に言って何が理由だったのでしょう。また、この役をどうしてもやりたいと思ったのはなぜでしょうか。

RG: (理由は) ジェリー·カールです。〔笑い〕アダム (監督) が (そのことを) 話してくれたとき、僕はこう言ったのです。「ジェリー·カールで君は僕をものにしたんだよ。その必要はないのだが」とね。アダムの映画はどれも大好きですし、ある意味で映画というよりも僕にとっては友だちか何かのようなものなのです。まあ、『俺たちステップ·ブラザース　―義兄弟―』を見て、あれではどんなふうか、ちょっと見てみるつもりですがね。あれは、アダムの映画は大好きですから、とにかく彼といっしょに仕事ができるなんて嬉しいかぎりでした。そして、そのあとで、この映画のシナリオをもらい、それを見るのは、彼へと向かう旅立ちのようで、このこと (この映画作り) の一員にまでなれるのはもっと嬉しかったです。

しかし、学ぶことも多かったです。今もまだ学んでいる最中です。つまり、シナリオから、次に当然、マイケルの本を通して、さらにいろいろ調べていく過程でたくさんのことを学びました。そして、この映画を見ることによってさえ、もっと学んだのです。

Um, I thought it had a really, and I think Adam has–and e-especially in combination with-with-with Michael, their-their work - there's a real, um…it's very ❸ unique, this film. You know, it's, it's, uh... I-it's very like inclusive and there's nothing uh... um, you know, there's no, like, g-grandstanding and I think in the hands of any-of a lot of other filmmakers it could have been very, very different, you know. But Adam just has a way of-of-of maintaining his sense of humor about something that's obviously, um, very upsetting. And I think it's very ❸ unique and it just- it just was, uh, you know, a very ❷ exciting thing to be a part of.

語注

inclusive: 包括されて、すべてを含んだ　**grandstanding:** スタンドプレー　**maintain:** 持続する、継続する　**upsetting:** 気が動転する、動転させるような

日本語訳

それに、僕が思うに、アダムには……特にマイケルとコンビを組むと、ふたりの作品には実に……これは、この映画はとてもユニークなんです。非常に包括的で、派手な演出はまったくありません。たくさんいる映画監督の他の誰が手がけたとしてもかなり違うものになっていたでしょう。しかし、アダムは、明らかに気が動転するようなシーンであってもユーモアのセンスを忘れずにいる方法を知っているのです。そして、これは非常に珍しいことだと思いますし、その一部に自分がなれたのはとても刺激的な経験でした。

→Track 49

Section 3 自分が演じた実際の人物に会ってみて

読みやすさレベル 6.0-6.5 | リスニングレベル 6.8 | 164 wpm | 257 語

Q: I'd love to ask Christian and Ryan if you met your counterparts before you did the movie, and if you see this movie as great roles for you or public service.

CB: Um, I did meet with, um, u-uh ❶ Mike*, uh, Burry. And, um, and, uh... I-I-I just think the guy's wonderful. He's-he's such a charming man and so phenomenally interesting. And we talked for hours and hours. Um, and incredibly generous, you know, with his time and his thoughts, uh, to me. And um, and uh, and uh, I hope, I really wish that I can see it with him, uh, one day.

Um, and uh, I don't know –I don't know what kind of ❷ an ass would say that their performance is a public service. Does it...really? Right? I mean who can say that without looking like ❷ a real dickhead. [laughter] Um, I mean, uh, you know, it was a great character. Um...

(Steve: I consider it more of a gift)

語注

counterpart:（演じる元となった）実際の人物　**public service:** 公共事業　**phenomenally:** 著しい程度に　**incredibly:** 信じられないほどに　**generous:** 寛大な、思いやりのある　**dickhead:** 苛立たしい人に向けられる屈辱的言葉　**gift:** 特別な才能

＊**Mike:** Michael Burry。クリスチャン・ベールが演じた人物の名前。カルフォルニアにあるヘッジ・ファンドのマネージャー。神経学者でもある。

音声のここに注目!

❶【Mike Burry】
通常は人名の姓と名の間にポーズが置かれませんが、ここでは、どのMikeの話題なのかをはっきりさせるために、"uh, Burry"と付け足しています。

❷【侮蔑的表現】
「演技をpublic service と呼ぶとはアホらしい」というように、ネガティブな感情を露わにしていますが、真似をする必要のない表現です。

❸【/t/ の発音】
"narrator", "liberties", "opportunity" の下線 /t/ の部分が音声変化しています。アメリカ発音に多い音です。

日本語訳

Q: クリスチャンとライアンにお尋ねしたいのですが、撮影に入る前にご自分のカウンターパート(自分が演じるキャラクターのモデルとなっている人物)にお会いになったのですか。また、この映画があなたにとって、あるいは公益のために大きな役割を果たすと思いますか。

CB: ええ、マイク・バリーには実際に会いましたよ。すばらしい人だと思います。非常に魅力的な男性で、人間的な面白さときたら人並みはずれていて、ふたりで何時間も延々と話をしたのですが、信じられないほど親切に時間を割いてくれ、彼の考えを聞かせてくれました。いつかいっしょにこの映画を見られたら本当にいいのですが。

それから、いったいどんな奴が彼らのしたことを公益だと言ったのか知りませんが、本当にそうなんですか。そんなことを言ったらまったくの間抜けに見えるに決まっていますよ。〔笑い〕あれは偉大なキャラクターだったのです。
(スティーブ・カレル:僕が演じたことはむしろひとつの才能だと思うよ)

RG: Yeah, I, uh, I met, I got a chance to meet, um, the guy that my character is based on. T-the situation was a little d-different i-in my case as well because the character that I play in the film is, is p-part...you know, has a role in the film, but he's also, um, the ❸ narrator and sort of tour guide through this world.

And at times felt like talk show host. You know, I would just sort of break the fourth wall and introduce a- a new guest or a new segment. So, um, you know, we really had to take some ❸ liberties with that character because obviously, it's, uh, it's very different from the real person. But, um, yeah I had an ❸ opportunity to- to meet him.

語注

fourth wall: 第四の壁（作品内の世界と現実世界の境界を表す概念）。ここでは、ライアンがナレーターとして観客に話しかける行為のこと。　**segment:** 区分、部分　**liberty:** 自由

日本語訳

RG: ええ、機会あって、私が演じた役柄のモデルになっている男性にはお会いしました。私の場合は状況が少し違っていまして、というのは、私が映画の中で演じる人物は映画の中でひとつの役柄があるのですが、同時に彼はナレーターでもあり、ある意味でこの（映画の）世界の案内役でもあるのです。

そして、ときには自分がトークショーの司会者のような気がしました。まるで第四の壁を破るかのように、新しいゲストを、新しい場面を紹介していったのです。ですから、この登場人物（キャラクター）についてはある程度、柔軟に扱わなければならなかったのです。というのは明らかに、当の本人とはかなり異なっているのですから。でも、ええ、ご本人にお会いする機会はあったのです。

→Track 50

書き取り Exercise!

ここでは、なるべく言いよどみがなくきれいに発音している部分を各 Section からピックアップしています。音声を聞き、書き取ってみましょう。また声に出して自分でも言ってみましょう。

Section 1

I really _____ just working __ ______. It was great！ It's so much ___ ！

ひとりで演技をするのはとても気に入りました〔笑い〕。なかなかよかった。

Section 2

I think it's very ______ and it just - it just was, uh, you know, a very _______ thing to be a ___ of .

そして、これは非常に珍しいことだと思いますし、その一部に自分がなれたのはとても刺激的な経験でした。

Section 3

He's-he's such a _________ ____ and so phenomenally _________. And we _____ for _____ and _____.

非常に魅力的な男性で、人間的な面白さときたら人並みはずれていて、ふたりで何時間も延々と話をしました。

→Track 51

聞き取り Power up!

ここでは、早口だったり音声変化が起こっていたり、聞き取りにくい部分を各Section からピックアップしています。音声を聞き、書き取ってみましょう。

Section 1

And when you're __ ______, there's really __ ________ ___ you gotta _____ _____ at all.

それにひとりで演技していると、コンティニュイティ（連続性）を心配しなくてもいいですしね。

Section 2

I love Adam's ______ and in some ways they're __ ____ ______, they're like ______ of mine or something.

アダムの映画はどれも大好きですし、ある意味で映画というよりも僕にとっては友だちか何かのようなものなのです。

Section 3

I mean ____ can __ that without _______ ___ a real dickhead.

そんなことを言ったらまったくの間抜けに見えるに決まっていますよ。

column ⑩

金融関係の用語

『マネー・ショート 華麗なる大逆転』という邦題の"short"を一般の辞書で調べると「不足」と示されているため「お金が足りない」と勘違いしてしまいそうですが、原題は *The Big Short* となっており「大きい売り」を意味します。つまり、金融の世界では"short"は「売り」という意味で用いられる用語なのです。作品中のセリフで"short"という語が動詞や名詞として使われている例を見てみましょう。

BEN: I saw the CDOs you want to <u>short</u>.
（君たち、CDOを売ろうとしているな。）

DANNY: Vinny's right, they need our <u>shorts</u>.
（ヴィニーの言う通りだ。奴らにはこちらの「売り」が必要なんだ。）

LAWRENCE FIELDS:
How big's your <u>short</u> position?
（「売り持ち高」はどのくらいだ？）

サブプライム住宅ローン危機にまつわるストーリーですから、他にも金融関係の用語が多く出てきます。映画を観る前に、"MBS (Mortgage-Backed Securities) 不動産担保証券" "CDO (Collateralized Debt Obligation) 債務担保証券" などのしくみを調べておくことをおすすめします。

Unit 11

Bridge of Spies

Tom Hanks
トム・ハンクス

& Steven Spielberg
スティーブン・スピルバーグ

写真：REX FEATURES/アフロ

東西冷戦下の真実に基づく奇跡の物語『ブリッジ・オブ・スパイ』

『ブリッジ・オブ・スパイ』

Bridge of Spies

映画紹介

スティーブン・スピルバーグ監督、トム・ハンクス主演、ジョエル&イーサン・コーエン兄弟が脚本を務めたサスペンスドラマ。いずれもアカデミー賞受賞歴のある豪華なメンバーでその才能を結集して製作された。1950～60年代の米ソ冷戦下で起こった実話を描いた作品で、2016年第88回アカデミー賞では作品賞ほか6部門でノミネートを受け、ソ連のスパイのアベルを演じたマーク・ライランスが助演男優賞を受賞。良き夫、良き父、良き市民として平凡な人生を歩んできた男が、米ソの戦争を食い止めるために全力で不可能に立ち向かっていく姿を描いた映画。

アメリカとソ連が一触即発の冷戦時代にあった1950年～60年代。ジェームズ・ドノバンは、保険の分野で実直にキャリアを積み重ねてきた弁護士だった。ソ連のスパイとしてFBIに逮捕されたルドルフ・アベルの弁護を依頼されたことをきっかけに、世界の平和を左右する重大な任務を委ねられる。それは、自分が弁護したソ連のスパイと、ソ連に捕えられたアメリカ人スパイの交換を成し遂げることだった。敵国の人間を弁護することに周囲から非難を浴びせられても、弁護士としての職務を果たそうとするジェームズ・ドノバンと、祖国への忠義を貫くルドルフ・アベル。両者の間には次第に互いに対する理解や尊敬の念が芽生えていく。

インタビュー　各 Section の内容

英語の特徴と聞き取りのポイント

監督と主演俳優それぞれが、この映画についての思いを語っています。

【Section 1】短縮形のくだけた表現やアメリカ英語に多い表現に注目してみましょう。

【Section 2】人名が初めて出てくるときには直後に一瞬のポーズを置いて、聞き手が理解できたか確かめながら話しています。

【Section 3】カタカナ読みと英語読みで発音が異なる地名に注目しましょう。ポーランド語の地名も登場します。

トム・ハンクス
Tom Hanks

1956年、アメリカ、カリフォルニア州出身。『ビッグ』(88) でアカデミー賞に初ノミネート。その後、『フィラデルフィア』(93)、『フォレストガンプ／一期一会』(94) でアカデミー賞主演男優賞を2年連続で受賞。近年の代表作は『ダ・ヴィンチ・コード』(06)、『ウォルト・ディズニーの約束』(13) など。

トム・ハンクスは、カリフォルニア州出身のハリウッド俳優です。文の切れ目ではなく次の言葉を探すところでポーズが入るので、意味のまとまりが聞き取りにくい場合は、スクリプトと日本語訳をよく読んでから聞いてみましょう。

スティーブン・スピルバーグ
Steven Spielberg

1946年、アメリカ、アリゾナ州出身。TV映画「激突！」(72) で注目され、「ジョーズ」(75)、「未知との遭遇」(77)、(81)、「E.T.」(82) などが大ヒット。「ジュラシック・パーク」(93) が自身最高の世界興行収入を記録、さらに「シンドラーのリスト」でアカデミー作品賞と監督賞を受賞。「プライベート・ライアン」(98) では2度目のアカデミー監督賞を受賞。

スティーブン・スピルバーグは、オハイオ州生まれ、アリゾナ州育ちのユダヤ系アメリカ人です。映画の登場人物・プロデューサーや監督、演じる俳優など、人名が聞き取りにくい場合は、先に固有名詞をチェックしてから聞いてみましょう。

→Track 52

Section 1 新しいアメリカ人ヒーロー、ドノバン弁護士を演じて

読みやすさレベル 6.0-7.0 リスニングレベル 7.8 206 wpm 139語

Q: Tom, do you see this American hero we're discovering in this movie as a bookend or as another chapter in heroic men you played before?

Tom Hanks (TH) : Um, I don't, I don't view this as a bookend to anything ❶ 'cause every movie starts fresh, uh, and has to exist, uh on, uh, on its own auspices. Um, the interesting thing that happens when you, when you play somebody, uh, real is y, y, you have to have meetings with them, if they're alive, and you have to say, "Look, I, ❷ I'm going to say things you never said, I'm gonna do things you never did, and I'm gonna be in places you never were; despite that how-how do we do this as authentically as possible." And m-much like the boss, I was fueled by absolutely no ❸ preconceived knowledge, uh, of James Donovan*. I, I'm a selfish actor. I'll, I'll, I'll lunge at that opportunity re, regardless of uh, of uh, anything else I've done prior.

語注

bookend: (継続的に行われてきたことを) 締めくくるもの **heroic:** 英雄の、勇敢な **auspice:** 前兆、吉凶 **authentically:** 本物のように、真正に **fuel:** あおる、刺激する **preconceived:** (少ない情報と先入観で) あらかじめ考えた **selfish:** 自分勝手な、わがままな **lunge:** 飛び出す、突き出す **prior:** 前に、以前に

* **James Donovan:** トム・ハンクスが演じた本作の主人公。弁護士。

音声のここに注目!

❶【'cause】
“because”の短縮形です。「カズ」のように聞こえます。

❷【繰り返しのリズム】
“never”を含む3つのフレーズをリズムよくつなぎ、実在の人物と作品中の役柄は異なるということを強調しています。

❸【preconceived の発音】
“pre”に第2強勢、“ceived”に第1強勢が置かれます。発音記号で示すと/prìːkənsíːvd/となります。

日本語訳

Q: トム、この映画で私たちが(ついに)知ることになるアメリカ人ヒーローを、あなたはひとつの集大成だと感じていますか、それとも、あなたがこれまで演じてきた数々の英雄像に新たな章を加える(新しい境地を開く)ものだと思いますか。

TH: この映画が何かの集大成になっているというようには考えませんね。どの映画もゼロから始まり、それ自体のメリットによって存在しなければならないのですから。実在の人物を演じるときには面白いことを体験するものですが、もしその人が健在であればお会いして、こう告げる必要があるのです。「言っておきますが、私はあなたが言いもしなかったことを言い、あなたがしてもいないことをし、あなたが行ったこともない場所にいることになるのです。私たちがこの映画をどんなに真実らしく作っても、です」。それに、私もボス(スピルバーグ監督)と同じように、ジェームズ・ドノバンについては何の予備知識も持ち合わせていなかったのです。私はわがままな役者です。これまでほかの何をしていたにしても、あのような(映画に出演する)チャンスには飛びつくでしょうよ。

→Track 53

Section 2 スピルバーグ監督に聞く、映画製作の経緯

読みやすさレベル 6.0-6.5 リスニングレベル 8.2 284 wpm 303語

Q: Steven, I wanted to ask you about how you got involved with this and why do you think it's taken so long to tell this story?

Steven Spielberg (SS): You know, ❶I knew nothing about this story, uh, two years ago. I knew about Gary Powers* because, um, that was big news and it was, uh, national news when he was, uh, shot down an-and, and taken prisoner in the Soviet Union, but um, ❶I knew nothing about how he got out of the Soviet Union. ❶I knew nothing about Rudolf Abel*. ❶I knew nothing about James B Donovan.

And that all came to me, as all I think, good stories come to us, in a surprise package. Because, uh, there was no brand, uh uh you know, proceeding *Bridge of Spies*, it was simply a piece of history that, uh, was so compelling personally for me to know, that something like this: a man who stood on his principles, and uh, defied everybody-hating him and his family - for what he thought he needed to do: equal protection under the law even for an ❷alien in this country even for a ❷Soviet accused ❷spy. Um, that was, uh, to me a righteous reason to, to tell this story.

語注

shot down: 撃墜される **take 人 prisoner:** 捕虜にする **brand:** 商品名、商標 **proceed:** 先行する **compel:** (人に) 強制的に～させる、力ずくで～させる **defy:** (権力などに) 反抗する、食ってかかる **equal protection:** 平等を守ること **alien:** 外国人、異邦人 **righteous:** 道理のある、正当な

*Gary Powers: ゲーリー・パワーズ。アメリカの空軍軍人。
*Rudolf Abel: ルドルフ・アベル。パワーズと交換されたソ連側のスパイ。

音声のここに注目!

❶【繰り返し】
"I knew nothing about..." というフレーズを繰り返し、この事件について 2 年前までは知らなかったことを強調しています。

❷【語の強調】
「外国人、しかもソ連のスパイ容疑者であっても」ということを強調するため、"alien"、"Soviet"、"spy"の3語を強く長く発音しています。

❸【人名の後のポーズ】
人名を出した後、それがどのような意味をもつ人なのか聴衆が理解するのを待つかのように、一瞬のポーズを置いています。

日本語訳

Q: スティーブン、あなたに伺いたいと思っていたのですが、どのような経緯でこの話に深く関わることになったのですか。また、この話が映画になるまで、なぜこんなに長い年月がかかったのだと思いますか。

SS: 実は2年前までこの話のことは何も知らなかったのです。ゲーリー・パワーズのことは知っていました。あれは大きなニュースでしたからね。彼(の乗っていた偵察機)が撃墜されて、ソ連(ソビエト連邦)の捕虜になったとき、そのことは全米的なニュースになったのです。しかし、彼がどうやってソ連から帰還したのかについては何も知らなかったのです。ルドルフ・アベルのことも何も知りませんでした。ジェームズ・B・ドノバンのことも何も知りませんでした。

そして、私がそのすべてを知ったとき……思うに、すばらしい話というのはみんなそうだと思いますが、驚かされることばかりでした。というのは、誰もこの話には手をつけていなかったからです。『ブリッジ・オブ・スパイ』が作られるまで、それは歴史のひとコマにすぎなかったのですが、私にとっては個人的に非常に知りたいことでした。つまり、こういうことです。「自分の信念に従って生き、自分がすべきだと思うこと、つまり、この国では外国人であっても、たとえそれがソ連のスパイ容疑者であっても、法の下の平等という原則で守られるべきだと考えたために、自分と自分の家族が世間から非難されても屈服しなかったひとりの男」がいたのです。そのことこそ、私がこの話を映画にすべきだと思った正当な理由だったのです。

I just, I was meeting with the Donovan family. I was meeting with the, uh, two daughters and the son this morning and I found out something I never knew before: In 1965, Gregory Peck came after this story. And Gregory Peck got Aleck Guinness* ❸ to agree to play Abel. Gregory Peck was gonna play Donovan. ❸ And um, and uh, they got a very good, they got Stirling Silliphant* ❸ to try and write the script and then MGM* at the time said, "No, I don't think we're going to tell this story." You know, and, uh, and, and I didn't even know that until a couple of hours ago. So we weren't the first.

語注

***Aleck Guinness:** アレック・ギネス。イギリスの俳優。

***Stirling Silliphant:** スターリング・シリファント。アメリカの脚本家、映画プロデューサー。

***MGM:** Metro-Goldwyn-Mayer。米国の映画会社。現在は MGM/UA Entertainment Co.

日本語訳

私はつい先ほどドノバンの家族に（初めて）会っていたのです。彼の娘さんふたりと息子さんに今日の午前中にお会いしたのですが、それでこれまで知らなかったことがわかったのです。実は、1965年にグレゴリー・ペックがこの話に興味を示していたというのです。そして、グレゴリー・ペックは、アレック・ギネスからアベルの役を演じてもらうことの同意をもらってさえいたのです。グレゴリー・ペック自身はドノバンを演じるつもりでした。そして、優秀な脚本家であったスターリング・シリファントに脚本を書いてもらうつもりだったのですが、当時のMGMが「だめだね、この話は映画化するつもりはない」と言ったのです。ということで、数時間前まで私はそのことさえ知らなかったのです。ですから、（映画化を考えたのは）私たちが最初ではなかったのです。

→Track 54

Section 3 映画の中のシーンはセットか、実在する場所か

読みやすさレベル 5.5-6.0 リスニングレベル 7.6 190 wpm 187語

Q: Those wonderful scenes in East Berlin, especially as the train goes over while they're building the Berlin Wall, was that, just a really big set or was it a practical location somewhere?

SS: Are you talking about when the train is on the overpass going across the wall, you, y-you witness the, the shootings on the, at the wall?

Q: That, and-and some of the other scenes; the bicyclist going, uh, from one side to the other and getting caught behind lines.

SS: Well we shot that on the border of Poland and Germany ❶↑ in a town called ❷Breslau.* ❶↑ There's a Polish name for it. But at the German… the Germans, when they invaded Poland, they changed the name to ❷Breslau.

語注

practical: 実際の **overpass:** 陸橋 **bicyclist:** 自転車運転者、自転車に乗る人 **behind lines:** 境界の手前 **border:** 国境 **invade:** 侵攻する、攻め入る

***Breslau:** ブレスラウ。ポーランドにある都市。ドイツ語でブレスラウ、ポーランド語でヴロツワフ(Wroclaw)。

音声のここに注目!

❶【不確かさを示すイントネーション】

ドイツとポーランド国境にある町の地名を言ってから、それがポーランド語で何と呼ばれていたのか正確に覚えていないということを示すように、語尾を上げて発音しています。

❷【Breslau と Wroclaw】

どちらも同じ都市を指しますが、ドイツ領であった時代を思わせる文脈ではドイツ名のBreslauという地名が使われるようです。日本語では「ブレスラウ」と呼ばれています。ポーランド名のWroclawは日本語では「ヴロツワフ」「ブロツワフ」と表記します。

❸【Berlin】

日本語では「ベルリン」と呼ばれますが、英語では /bəːrlín/ と発音します。“lin” の部分に強勢が置かれることに注意しましょう。

日本語訳

Q: 東ベルリンでの、あのすばらしいいくつかの場面、特にベルリンの壁の建設中に列車が境界を越えていくシーンは、実際には非常に大掛かりなセットだったのでしょうか、それともどこかに実在する場所だったのでしょうか。

SS: あなたがおっしゃっているのは、列車が高架橋の上をベルリンの壁の向こう側へ越えていき、壁に向かって発砲されているのをご覧になった場面のことですか。

Q: ええ、それと、それ以外のいくつかの場面です。自転車に乗った人が向こう側に行こうとして、境界の手前で捕まってしまうところとか。

SS: ああ、それはポーランドとドイツの国境で、ブレスラウという名の町で撮影しました。この町にはポーランド語の呼び名があるのですが、ドイツの……ドイツがポーランドを侵略したとき、町の名をブレスラウに変えてしまったのです。

TH: ❷ Wroclaw.

SS: ❷ Wroclaw, thank you, Tom. (laughter) And, and, there're still bullet holes in all the buildings from WWII there and they never, never repaired it so we went to the area closest to the east of ❸ Berlin that looked just like East ❸ Berlin for those two specific scenes that you mentioned and we actually built that wall. That wall was uh…that great… I mean I would say, a wonderful production designer, Adam Stockhausen* who does all of Wes Anderson's* movies, and he did 12 Years a Slave* – won his first Oscar for that, and he did our movie and did an incredible, exceptional job really making a, a…a modern, scenic look exactly the way it looked, uh, all those years ago.

語注

bullet hole: 弾痕、銃弾であいた穴　**exceptional:** 格別の、非常に優れた　**scenic:** 生き生きとした、劇の

***Adam Stockhausen:** アダム・シュトックハウゼン。映画プロダクション・デザイナー。
***Wes Anderson:** ウェス・アンダーソン。アメリカの映画監督。
***12 Years a Slave:** 2013 年公開の映画のタイトル。邦題は『それでも夜は明ける』。

日本語訳

TH: (ポーランド語名は) ヴロツワフです。

SS: ヴロツワフか。ありがとう、トム。〈会場・笑い〉この町ではどの建物にも第二次大戦のときに受けた銃弾の跡が残ったままで修復されていないので、あなたがおっしゃったあの2つのシーンを撮影するために、ベルリン東部に最も近くて、(かつての) 東ベルリンのように見える場所に行き、実際にあの壁を建てたのです。あの壁は……あの優秀な、つまり、すばらしいプロダクション・デザイナー (美術監督) であるアダム・シュトックハウゼンは、ウェス・アンダーソン (監督) の作品はすべて手がけ、『それでも夜は明ける』の仕事もして、その仕事で彼にとって最初のアカデミー美術賞を受賞したのですが、私たちのこの映画も手がけてくれ、これ以上ないほどのすばらしい仕事ぶりで、現代の風景がまったくあの当時のように見えるようにしてくれたのです。

→Track 55

書き取り Exercise!

ここでは、言いよどみがあまりなくきれいに発音している部分を、各 Section からピックアップしています。音声を聞き、書き取ってみましょう。また声に出して自分でも言ってみましょう。

Section 1

I ____ ____ this as a _______ to anything 'cause every _____ _____ _____.

この映画が何かの集大成になっているというようには考えませんね。どの映画もゼロから始まるから……

Section 2

I just, I was _______ with the Donovan ______. I was meeting with the, uh, ___ _________ and the ___ this _______.

私はつい先ほどドノバンの家族に（初めて）会っていたのです。彼の娘さんふたりと息子さんに今日の午前中にお会いしたのですが、

Section 3

Are you ______ about when the ____ is on the _______ going ______ the ____, you, y-you _______ the, the ________ on the, at the ___?

あなたがおっしゃっているのは、列車が高架橋の上をベルリンの壁の向こう側へ越えていき、壁に向かって発砲されているのをご覧になった場面のことですか。

Track 56

聞き取り Power up!

ここでは、早口だったり音声変化が起こっていたり、聞き取りにくい部分を各Section からピックアップしています。音声を聞き、書き取ってみましょう。

Section 1

I'm going to ___ things you _____ ____, I'm gonna __ things you _____ ___, and I'm gonna be in _____ you _____ ____.

私はあなたが言いもしなかったことを言い、あなたがしてもいないことをし、あなたが行ったこともない場所にいることになるのです。

Section 2

I ____ ______ about ___ he ___ ___ __ the Soviet Union. I knew ______ ____ Rudolf Abel.

彼がどうやってソ連から帰還したのかについては何も知らなかったのです。ルドルフ・アベルのことも何も知りませんでした。

Section 3

I mean I would say, a _________ __________ ________, Adam Stockhausen who does all of Wes Anderson's ______, and he did 12 Years a Slave – ___ his ___ _____ for that,

つまり、すばらしいプロダクション・デザイナー（美術監督）であるアダム・シュトックハウゼンは、ウェス・アンダーソン（監督）の作品はすべて手がけ、『それでも夜は明ける』の仕事もして、その仕事で彼にとって最初のアカデミー美術賞を受賞したのですが、

column ⑪

忠誠の誓い
Pledge of Allegiance

『ブリッジ・オブ・スパイ』の中盤、トム・ハンクスが演じる弁護士ドノバンの息子が、戦争が起きたときの対処法を学校で習うシーンがあります。このシーンで、子どもたちは「原爆を落とされたらどうなるか」というビデオを見せられますが、その直前に、全員が起立し、手を胸にあて、声をそろえて「忠誠の誓い (Pledge of Allegiance)」を暗唱します。

「忠誠の誓い」は、公式行事の際にアメリカ合衆国への忠誠心を宣誓するもので、宣誓の際には、起立して手を胸に当てる以外にも、国旗に顔を向けることや帽子をとることなどの決まりがあります。役割としては日本での「君が代」斉唱と似た側面を持ちますが、「私は…を誓います」という主体的な文構造になっていることや、誓う対象がダイレクトに国旗や国家であること、神が存在するという前提となっていることなど、君が代斉唱と比べると興味深いものがあります。以下は、現在決められている「忠誠の誓い」です。

I pledge allegiance to the Flag of the United States of America, and to the Republic for which it stands, one Nation under God, indivisible, with liberty and justice for all.

（私はアメリカ合衆国国旗と、それが象徴する、万民のための自由と正義を備えた、神の下の分割すべからざる一国家である共和国に、忠誠を誓います）

中西のりこ（なかにし・のりこ）

兵庫県神戸市出身。大阪女学院短期大学英語科、神戸市外国語大学（国際関係学）卒業。同大学大学院修士課程修了（文学・英語教育学）。関西大学大学院博士後期課程（外国語教育）在籍中。専門は音声学と英語教育。短期大学卒業後、一般企業の営業職、神戸学院大学・関西国際大学・神戸市外国語大学、神戸市立葺合高等学校などでの非常勤講師を経て、神戸学院大学経営学部准教授。2015 年 4 月同大学グローバル・コミュニケーション学部へ移籍。著書・共著書には、『ジャズで学ぶ英語の発音』『英語シャドーイング練習帳』『イギリス英語とアメリカ英語』（コスモピア）、『TOEIC® TEST 即効 15 日計画』（三修社）。

なまの英語が聞き取れる！
映画スター★インタビュー

2016 年 7 月 15 日　第 1 版第 1 刷　発行

著：中西のりこ
編：コスモピア編集部
日本語訳：山口西夏
校正：王身代晴樹
装丁・デザイン：稲野 清、草地祐司 (B.C.)

発行人：坂本由子
発行所：コスモピア株式会社
〒 151-0053
東京都渋谷区代々木 4-36-4 MC ビル 2F
営業部：Tel:03-5302-8378
email:mas@cosmopier.com
編集部：Tel:03-5302-8379
email:editorial@cosmopier.com
http://www.cosmopier.com/［コスモピア・全般（一般用）］
http://www.cosmopier.net/［コスモピアクラブ（会員用）］
http://www.kikuyomu.com/［多聴多読ステーション］
http://www.e-ehonclub.com/［英語の絵本クラブ］
印刷製本：シナノ印刷株式会社
CD 編集・製作：株式会社メディアスタイリスト